El mundo de la publicidad

Miguel A. Furones

AULA ABIERTA SALVAT

Colección SALVAT TC TEMAS CLAVE

COLECCION SALVAT TC TEMAS CLAVE

Una publicación de **SALVAT EDITORES, S. A.**

Dirección General: Juan Salvat

Un proyecto desarrollado
por la División Editorial

AULA ABIERTA SALVAT

Dirección: Raúl Rispa

Equipo Editorial

Editores de Area: Jesús J. Oya, Miguel A. Suárez
Redacción: Manuela Diez, Jorge Montoro, Alfredo J. Ramos, Julia Sanfiz
Producción: Miguel Martinez
Ilustración: Concha Camarero, Mary Fe Estrada
Documentación: M.ª Teresa López Mayo
Secretaría: Marivi León

Diagramación: Olegario Torralba
Maquetación: Juan G. Francos
Diseño de Portada: César Bobis
Dibujo: Jan Senmel, M. Lacarte

EL MUNDO DE LA PUBLICIDAD

DL: NA 1.037-1980

ISBN: 84-345-7801-8 (Colección)
ISBN: 84-345-7803-4

Composición: Tecnicomp, S. A.
Fotomecánica: Progreso Gráfico
Impresión y encuadernación
Gráficas Estella, S. A., 1980
Estella, Navarra

Printed in Spain

Indice

*****

- Las palabras señaladas con asterisco (*) se explican al final del texto de cada unidad de información, que llamamos módulo.
- Las flechas intercaladas en el texto (→) indican que el tema en cuestión se desarrolla con mayor detalle en otro módulo del libro, que se señala mediante el número que aparece sobre la flecha ($\xrightarrow{24}$)
- En algunos módulos aparecen textos recuadrados, que explican o completan puntos de especial interés con relación a los desarrollados en el texto.
- En la bibliografía se ha renunciado, generalmente, a señalar obras muy especializadas o extensas. Las que se reseñan poseen un nivel muy adecuado para adentrarse en los diversos temas abordados en este libro y en otros de la Colección Salvat TC Temas Clave.

1/La historia de una rueda que solo tenía tres tuercas

Apenas hay personas que reconozcan que la publicidad influye en sus decisiones de compra; como tampoco existen locos que admitan su locura. En este sentido, algo parecen tener en común el consumidor y el loco: no percibir diáfanamente las motivaciones y las causas reales de sus actos.

Los alumnos de una escuela en los alrededores de París, interrogados por su profesora –cuenta G. Peninou– describieron los microorganismos como «redondeles con patas», «globitos con una gran boca», «insectos», «pequeños personajes que tienen brazos y piernas». Incluso alguno sostuvo haberlos visto en el agua de lavar ropa: «no tenían cabeza, pero estaban rígidos». ¿Por qué estas descripciones? ¿Quizá por la publicidad de ciertos productos detergentes y bactericidas? ¿Por qué pudo más la imagen publicitaria deformada que la que esos chicos deberían haber obtenido por el estudio?

Robert Guerin llegó a decir que el aire que respiramos es un «compuesto de nitrógeno, oxígeno y publicidad». Al margen de lo ocurrente de la frase, lo cierto es que si resulta imposible vivir sin oxígeno, también cada

Los medios de comunicación de masas, en particular la TV, han ocupado los circuitos de información humanos. A través de ellos penetra incontenible la «locura» de la invasión publicitaria.

La droga que se enchufa

El canadiense Marshall McLuhan, experto en medios de comunicación, comentaba acerca de un experimento en el que se pagaba a quienes estuvieran dispuestos a no ver la televisión durante un año: «Solo poquísimas personas resistieron algunos meses, y nadie llegó al año. Quienes lo intentaron, acusaron los mismos efectos que produce el retirarse de las drogas o del alcohol, experimentando notables depresiones nerviosas.»

vez es más difícil librarse de la red casi imperceptible con la que nos va envolviendo la publicidad. Miremos hacia donde miremos, leamos lo que leamos, escuchemos lo que escuchemos, el mensaje publicitario está casi siempre ahí, ostensible o agazapado, dispuesto a penetrar como sea en nosotros y estimular así nuestras más conscientes o inconscientes motivaciones. Y ese mensaje, cuando aparezca, nos afectará, aunque intentemos anular su influencia.

¿Por qué solemos admitir que nos influye una película o una conversación y no, en cambio, un anuncio? ¿Acaso porque estamos en guardia permanente? Sí, claro; pero eso el publicitario también lo sabe y, precisamente por ello, juega con ventaja: el publicitario sabe que el consumidor cree estar preparado contra los anuncios, pero le consta que no lo está. Y en este creer-estar-pero-no-estar reside su oportunidad; esa oportunidad que casi siempre aprovecha.

Con frecuencia, el consumidor se afirma en su creencia de que la publicidad no le influye, pues comprueba que nunca ha comprado, por ejemplo, ese vino de mesa que tanto anuncian. Pero, quizá, olvida que si tal anuncio, efectivamente, no le ha conducido a la compra, aquel otro de un *brandy** prestigioso... Si no, ¿por qué esas cinco botellas en casa? Y es que cada tipo de consumidor tiene, aun sin ser consciente de ello, alguna tecla que el publicitario termina sabiendo tocar.

El investigador publicitario, antes de elaborar un mensaje, analiza el comportamiento de los consumidores, intenta conocer sus más íntimos

Los *anuncios no discriminan ni el soporte físico sobre el que operan ni su contenido. Desde los anuncios en vallas a las personas-anuncio..., desde la publicidad social y política a la de comercios.*

> «El aire que respiramos es un compuesto de oxígeno, nitrógeno y publicidad.»
>
> R. Guerin

anhelos, sus frustraciones, sus prejuicios, para devolvérselos más tarde como envoltorios y reclamo del producto. Eso sí, diferenciado por gamas de necesidades insatisfechas para que cada consumidor se quede con el suyo: el del *brandy,* con la marca que más prestigia; el del vino de mesa, con la marca que estima le da el vino menos malo y a mejor precio.

Si esto es así, ¿por qué entre varios productos similares, todos ellos muy anunciados, algunos se venden y otros no? Una vieja historia cuenta que un hombre perdió las cuatro tuercas de una rueda de su automóvil frente a un manicomio. No sabía qué hacer. Entonces, un loco, asomado a la tapia del manicomio, le llamó y le dijo: «¿Por qué no quita una tuerca de cada una de las otras tres ruedas y se las pone a la que no tiene ninguna? Así, con tres tuercas en cada rueda, podrá llegar hasta el próximo taller.» Sorprendido, el automovilista preguntó al loco: «Pero bueno, ¿qué hace un hombre como usted en el manicomio?» Y el loco contestó: «Es que yo estoy aquí por loco, no por tonto.» Valga esta historia para recoger una de las muchas causas que pueden conducir al éxito o al fracaso a cualquier producto. Y la razón está en que, como es natural, hay publicitarios buenos y también malos; los segundos consideran que el consumidor es tonto y los primeros saben que solo está un poco loco. Por eso, ciertas campañas, las hechas para supuestos tontos, fracasan; las otras, las realizadas pensando en que solo están un poco locos, no.

La publicidad directa influye para que los productos anunciados adquieran un tono vivencial.

*

Brandy: nombre que exige la nomenclatura comercial internacional para referirse a bebidas similares al *cognac,* licor originario de la región francesa de igual denominación.

2/La prehistoria y la historia de la publicidad

Son varios los autores que coinciden en que el primer reclamo publicitario conocido figura en un papiro* egipcio, encontrado en Tebas, cuya antigüedad se remonta a casi tres mil años y que se conserva en el Museo Británico de Londres. En él se lee lo siguiente: «Habiendo huido el esclavo Shem de su patrono Hapu, el tejedor, éste invita a todos los buenos ciudadanos de Tebas a encontrarle. Es un hitita, de cinco pies de alto, de robusta complexión y ojos castaños. Se ofrece media pieza de oro a quien dé información acerca de su paradero; a quien lo devuelva a la tienda de Hapu, el tejedor, *donde se tejen las más bellas telas al gusto de cada uno,* se le entregará una pieza entera de oro.» Es la frase «donde se tejen las más bellas telas al gusto de cada uno» la que dio lugar a que en este escrito se entreviera una incipiente forma de publicidad.

En Grecia, siglos después, aparecieron los primeros soportes publicitarios. Se trataba de unos paralelepípedos *(axones)* hechos de madera pintada de blanco en los que se inscribió el código de leyes impuesto por Solón* tras las graves destrucciones que sufrió Atenas con ocasión de la batalla de Salamina contra los persas (480 a. de C.). También proceden de aquella época los *kyrbos,* cilindros de madera en los que se incluía todo tipo de comunicados.

En Roma, por su parte, surgieron los *alba* y los *libelli.* Los primeros, *alba,* eran tablones de anuncios permanentes, en tanto que los segundos –papiros que se adosaban a los muros– cumplían, en cierta forma, la función actual del cartel. Ambos soportes se utilizaban preferentemente para insertar en ellos los avisos oficiales, pero también recogían anuncios de venta de esclavos, de espectáculos, así como de alquileres de casas y objetos encontrados.

Hubo que esperar hasta la Edad Media para descubrir una nueva técnica que permitiera difundir diversas informaciones, algunas publicitarias, simultáneamente en varios lugares. Esta técnica consistía en grabar los manuscritos en planchas de madera, lo que permitía obtener, tras entintarlas, cierto número de reproducciones en pergamino. Estos grabados, muy utilizados por la Iglesia, se colocaban, entre otros lugares, a la entra-

Estos dos anuncios, ambos de 1902, ya presentan formas distintas de concebir la publicidad: en el de la izquierda se eligen los orígenes «nobles» del producto como argumento, mientras que el de la derecha se ofrece como solución a posibles problemas del cliente.

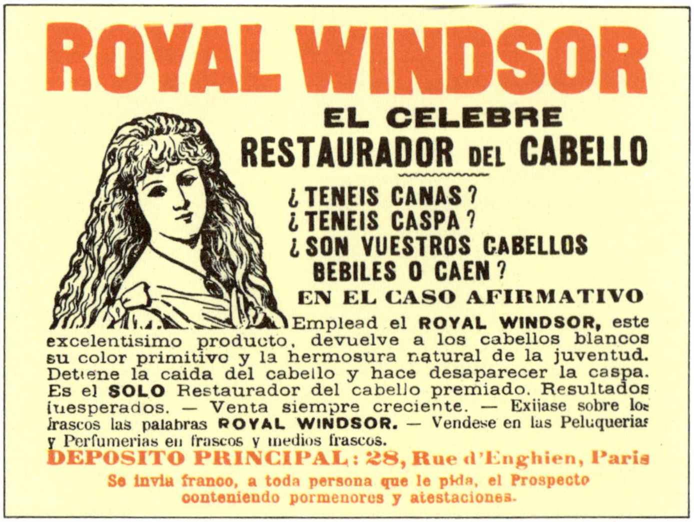

da de los templos los domingos y los días de boda o bautizo y, en general, siempre que el pueblo llano se reunía en el lugar. Esta técnica persistió hasta que se produjo el gran invento que revolucionó el mundo de la comunicación: la imprenta de tipos móviles*. Con ella, la publicidad –y especialmente la difusión de los escritos– comienza a despegarse de su prehistoria y a encontrar su lugar. Porque, hasta entonces, tanto en Egipto como en Grecia o Roma, la publicidad no existía como elemento autónomo. Y solo la posibilidad de difundir masivamente los mensajes, junto con el crecimiento de las nuevas urbes, propició el nacimiento de la publicidad como medio de comunicación masiva. Así, ante la necesidad de informar al público acerca de los productos que llegaban y sobre las ofertas especiales o los servicios que podían obtenerse, las iniciativas en el campo publicitario se multiplicaron una tras otra. A partir del siglo XVII y hasta nuestros días, la publicidad ha experimentado un desarrollo ininterrumpido. Hoy la publicidad es un hecho cotidiano con el que nos hemos habituado a vivir.

*

Imprenta de tipos móviles: ideada por Gutenberg. Los tipos móviles son prismas en cuya base aparece una letra en relieve, que entintada permite su grabación o reproducción.

Papiro: planta de Oriente, de cuyos tallos, hasta de tres metros de altura, hacían los egipcios el material que utilizaban a modo de papel para escribir.

Solón: estadista ateniense que anuló deudas, hipotecas, limitó las propiedades y prohibió los contratos que reducían la libertad personal.

Principales acontecimientos en el desarrollo publicitario

1611. Se crea una oficina de información comercial en Inglaterra, denominada *The Publicke Register for Generall Commerce,* en la que aparecían avisos sobre compras, ventas y préstamos.

1621. Comienzan a editarse en España las *Cartas de novedades políticas de la Corte y avisos recibidos de otras partes,* que son las primeras gacetas conocidas.

1630. Théophraste Renaudot crea en Francia la primera oficina de información mercantil; al mismo tiempo, en Inglaterra, un grupo de comerciantes funda un periódico, el *Daily Advertiser,* dedicado exclusivamente a publicar anuncios.

1631. Se empieza a editar en Francia *La Gazette,* promovida también por Renaudot.

1641. Surge una nueva gaceta: las *Novas Ordinarias,* editada en Barcelona.

1657. Aparece en Inglaterra el *Public Adviser,* con dieciséis páginas llenas de anuncios, y ocho oficinas en Londres y Westminster.

1711. El periódico *The Spectator* empieza a insertar publicidad en sus páginas.

1716. Se funda en Francia el semanario *Les Affiches de Paris, des Provinces et des Pays étrangers,* que recoge solo carteles publicitarios.

1767. Se inicia la inserción en el *Public Advertiser* de pequeños artículos políticos criticando al gobierno. Así, las hojas de anuncios empiezan a convertirse también en periódicos.

1769. El *Morning Chronicle and London Advertiser* combina ya de forma constante anuncios y crónicas parlamentarias.

1831. El *Journal des Connaissances Utiles* establece, por primera vez, la relación entre tirada del periódico y tarifas de publicidad. A mayor tirada, precio más elevado del anuncio.

1836. *La Presse* destina, de manera fija, tres cuartas partes de su espacio a publicidad.

1845. Nace la primera institución dedicada a servir de intermediaria entre anunciantes y periódicos –la *Société Générale des Annonces*–. Se considera la primera agencia de publicidad.

1920. Walt Disney realiza las primeras películas publicitarias para proyectar en un cine. Se trata de los *Laugh-O-Grams,* dibujos animados, sin sonido y de un minuto de duración.

1924. Radio Barcelona transmite su primer anuncio. Los receptores eran todavía de galena y los radioescuchas necesitaban estar equipados de auriculares. El producto anunciado: un aceite para automóviles; y el *eslogan,* «Yacco, siempre Yacco».

1941. En la emisora WNBT de Nueva York se difunde el primer anuncio televisado de la historia. El anunciante, relojes Bulova.

1946. Se transmite el primer anuncio televisado en cadena durante un combate entre Joe Luis y Conn. La marca Gillete fue entonces el anunciante.

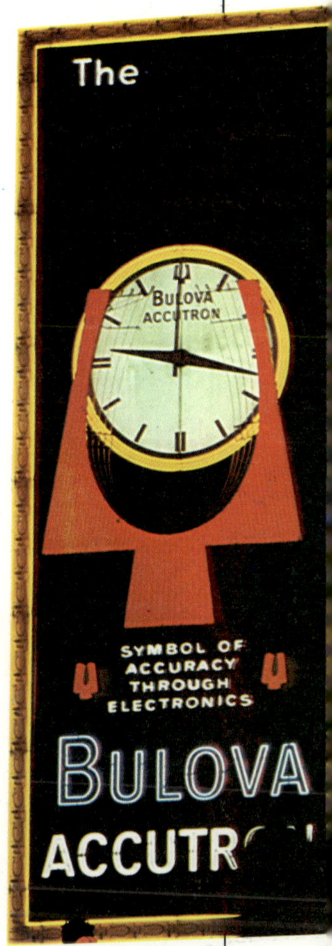

La marca Bulova fue la primera anunciada por televisión.

3/Un tumulto de mensajes con funciones diferentes

¿Cuántos anuncios ha visto usted en su vida? Si trata de recordarlos, es posible que solo vengan a su mente quince o veinte anuncios distintos. Sin embargo, y para formarse una ligera idea, veamos algunos datos: un norteamericano, antes de cumplir los dieciocho años, puede haber visto cincuenta mil anuncios en la TV; en México, por término medio, una persona puede recibir del orden de cien impactos publicitarios diarios, cifra ésta que puede llegar a trescientos en el caso de los Estados Unidos. Parece poder deducirse que nos hallamos ante un auténtico bombardeo de mensajes. De seguir en aumento, la saturación se producirá en pocos años. En este sentido, es sintomático un estudio realizado en la Universidad de Harvard, que reveló que el 85% de los mensajes publicitarios no llegan realmente al consumidor; y que del 15% restante, solo uno de cada diez actúa eficazmente. Por ello no es de extrañar que cuatro de cada cinco nuevas marcas fracasen.

Los luminosos constituyen una invitación nocturna a consumir. Su abundancia y superposición, sin embargo, hacen dudar de la eficacia individual de cada uno de ellos.

Por otra parte, la influencia de la TV es tal que se ha llegado a afirmar que el norteamericano medio piensa que su vida, sus costumbres y su país son como la publicidad dice que son. Y lo cierto es que la publicidad, en muchos casos, está sobrepasando, cuando no sustituyendo, a la realidad misma, hasta tal punto, que nadie pone en tela de juicio la incidencia de la publicidad en los valores sociales, las pautas de comportamiento, las modas y modos de vivir, así como su capacidad de sugestión sobre lo que se debe comprar y amar y lo que debe aborrecerse. La publicidad genera prejuicios, necesidades, expectativas, fomenta o acalla ideologías, porque además de productos vende también modelos de vida y de relaciones sociales. Así, cuando el marido besa a la mujer porque la casa está limpia gracias a X, la publicidad vende X y un papel de la mujer, el de su dependencia respecto al marido.

En los últimos años se han lanzado a nivel mundial dos campañas muy sugerentes: las del oro y los diamantes.

«No hay huellas de oro en tu piel. ¿Es que nadie te ama?»

Vislumbramos, pues, que la publicidad cumple otras funciones además de la meramente informativa. Veamos cuáles.

● *Función económica.* En pocas palabras, activar el consumo. Solo así parece posible la no ruptura del circuito económico establecido: progreso tecnológico, aumento de la producción, necesario incremento del consumo. Sin embargo, la publicidad desborda el cumplimiento de este objetivo, porque comprar no es un acto neutro, sino una actividad social cargada de significado. La compra es una toma de posición, una forma de adaptación.

● *Función financiadora.* Sin duda, la publicidad contribuye a financiar los medios de comunicación. Hoy, un diario o una revista, para sobrevivir, precisan que sus páginas lleven, en muchos casos, alrededor de un tercio destinado a publicidad. Que esto es así lo demuestra el hecho de ciertas revistas que, aun contando con grandes tiradas, han dejado de publicarse, sin que el elevado número de ejemplares vendidos pudiera evitar el cierre. Adviértase que la publicidad puede resultar un instrumento de presión ideológica o política, ya que, en un momento dado, podría condicionar económicamente a un medio informativo.

● *Función sustitutiva.* La publicidad opera sustituyendo la presentación de un objeto real, tal como es, por un elaboradísimo mensaje con el que, en ocasiones, «vende» un producto que es todo lo contrario de lo que dice que es. Buen ejemplo, el de algunas urbanizaciones-colmena cuya publicidad, paradójicamente, está cargada de elementos ecológicos: libertad, intemperie, vegetación, sosiego, naturaleza.

● *Función estereotipadora.* Por su difusión masiva, la publicidad tiende a igualar gustos, criterios, ideales. Resultan muy interesantes los estudios que investigan las relaciones entre publicidad y cambio social en grupos concretos. Sorprendería saber cuánto han influído en hábitos de consumo, en relaciones afectivas, en modos de vida.

● *Función desproblematizadora.* La publicidad tiende a presentar un mundo divertido, lúdico, fascinante, en el que la mayoría de los productos se consumen en momentos de ocio, nunca durante el trabajo. Esa imagen del «lado bello de la vida», explotada por el mundo publicitario, pretende desdramatizar la vida cotidiana, suavizar el otro lado: el de la crisis, el paro, la inflación, la violencia, el dolor, la muerte, la desigualdad social: *Me gusta estar contigo... porque sabes hacer de cualquier momento una fiesta*, afirma la seductora/seducida de turno en un anuncio de colonia masculina.

● *Función conservadora.* La publicidad siempre enseña lo ya visto, habla de lo ya hablado. Detrás de su aparente continua innovación, lo que en realidad procura es hacer parecer como nuevo lo ya aceptado.

* * *

Estas funciones tienen muy distinto rango. Así, mientras que la económica es básica, las funciones sustitutiva, conservadora, estereotipadora y desproblematizadora son instrumentales; la función financiadora es una consecuencia del proceso.

La publicidad explota el nuevo mito de la vuelta a la naturaleza. A «paraíso perdido», paraíso encontrado. *Para hacer realidad la vida soñada... cierta urbanización, que tiene de todo... «un sinfín de posibilidades».*

La publicidad tiene en cuenta las motivaciones, tanto sociales como psicológicas, del individuo y juega con ellas. Para ello, presenta el uso o consumo de los productos en momentos de ocio. De esta forma, induce a la asociación de las ideas consumo-felicidad: «Un momento duradero de placer».

4/La imaginación al poder: la creatividad

Los mensajes «invasores» resultan tanto de la investigación 12→ como de la creatividad; la investigación determina, básicamente, las teclas que se deben tocar; la creatividad orienta sobre el cómo. Ambos componentes, investigación y creatividad, son necesarios, pero cada uno de ellos es insuficiente para generar un buen anuncio publicitario.

El tema de la creatividad es posiblemente el más difícil de explicar; sencillamente, porque para generar ideas no existen fórmulas, aunque sí condicionantes. Veamos dos casos.

La primera historia sucedió, más o menos, así: la *National Rifle Association,* de los Estados Unidos, luchaba por conseguir la aprobación de una ley que permitiera la libre compra de armas por parte de cualquier ciudadano del país. Para ello orquestó una gran campaña publicitaria –financiada, cómo no, por los fabricantes– reivindicando el derecho de todo buen norteamericano a defender su hogar. Argumentos y más argumentos se sumaban en un intento de presionar desde los medios de comunicación de masas para sensibilizar a la opinión pública y a sus representantes.

Frente a los defensores de «rifle-libre», otras personas pensaban que esa licencia-para-matar podría convertir al país en un filme vivo del viejo Oeste. Pero esas personas carecían de apoyo económico y sus escasos recursos alcanzaban solo a editar un cartel en blanco y negro. Pidieron a Steve Bryan crearlo y realizarlo, indicándole los numerosos argumentos que respaldaban su postura. Este creativo publicitario sabía que todos esos argumentos, aunque convincentes, nada podrían contra el despliegue de recursos y medios con que contaba la otra postura. Había que buscar, pues, una razón única, fuerte, estremecedora, que aunara en una sola imagen y en pocas palabras el contenido y la fuerza de tantos y tantos argumentos. Finalmente dio con la idea y, con Carmine Macedonia como fotógrafa, diseñó el cartel que le habían solicitado. Este, efectivamente, fue como un tiro: *«De acuerdo, Asociación Nacional del Rifle: ahora mírenlo desde nuestro punto de vista.»* La imagen de un revólver en posición de apuntar y once palabras fueron suficientes para desbaratar todo un complicado montaje publicitario. ¿Qué había sucedido? Sencillamente que Steve Bryan supo llegar mejor a la gente, logrando persuadir; había sido, en suma, más creativo en la comunicación.

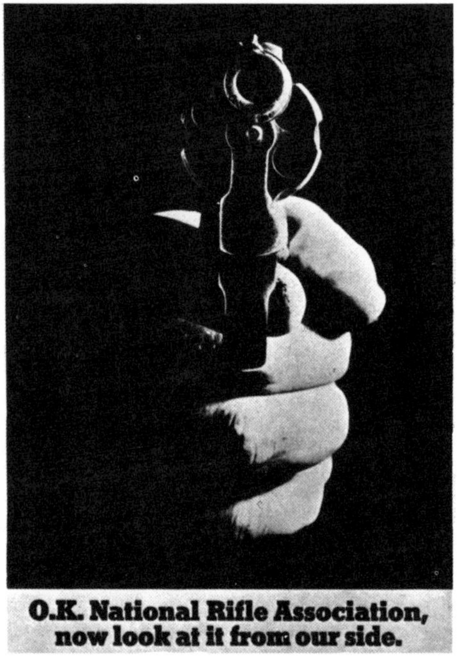

Apoyándose en una imagen con garra, una frase adecuada puede crear un nuevo estado de opinión: «O.K. Asociación Nacional del Rifle: ahora mírenlo desde nuestro punto de vista». *Con esta frase se frenó la pretensión de* rifle-libre *de un grupo de ciudadanos norteamericanos.*

Veamos otro ejemplo: un mismo producto «Kodak» –una película con 400 ASA de sensibilidad*– se lanza a la vez en España y en Francia; en cambio, los anuncios son distintos. ¿Cómo es posible esto? Ambos anuncios centran la argumentación en la misma ventaja: la mayor sensibilidad de la película. Pero mientras el anuncio español resalta el aspecto de que se puede disparar con una velocidad más corta –«click», en lugar de «cliiiiiick»– el anuncio francés pone su acento en la otra ventaja de una película de estas características: la de ganar un diafragma. La razón es la siguiente: la película española es negativa, para fotos en papel; un tipo de material cuyo consumidor principal es el aficionado que suele hacer sus fotos con una cámara barata y

La imaginación del creativo ha de canalizarse según las características sociológicas del público al que se dirige. Por ello, las campañas Kodak 400 ASA fueron planteadas de modo distinto para España y Francia. Esta se diseñó considerando al aficionado medio francés como más técnico que al español. De ahí que se resaltasen más las «ventajas técnicas» de la película.

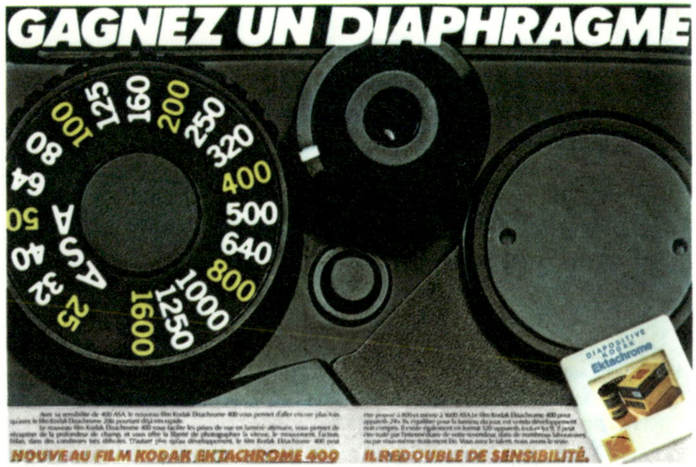

que apenas entiende de fotografía; un consumidor, cuyo mayor problema suele ser que las fotos le salen movidas. Por eso se le dirige un anuncio didáctico, con un texto desenfadado y muy simple que hace hincapié en el «cliiiiiick», que tantos problemas le ha traído al aficionado. En cambio, la película francesa es positiva: un material que utilizan fotógrafos con mejores cámaras y, generalmente, con más conocimientos fotográficos. Por eso, en este caso, se le da relevancia al diafragma, porque ese tipo de consumidor lo utiliza para conseguir determinados efectos –desenfoque, profundidad de campo*– para los que puede resultar útil ese diafragma que el anuncio promete. El texto es más largo y a la vez más técnico que el español, y la imagen muestra la vista parcial de una cámara fotográfica de cierto nivel, en tanto que en el anuncio español no aparece ninguna cámara para no segmentar el mercado, de forma que usuarios de buenas cámaras pudieran deducir que esa película no les convenía si aparecía en imagen una cámara de aficionado, y a la inversa.

Aparentemente, las diferencias entre un anuncio y otro son solo de matiz. En realidad, detrás de cada uno existía una variante fundamental: el tipo de consumidor. Variante que supuso la creación de dos anuncios distintos, con argumentaciones diferentes, porque en uno y otro caso los creativos sabían a quién se estaban dirigiendo. Y de una forma más o menos brillante, pero en cualquier caso acertada, supieron dar con el tono exacto que precisaba cada uno de los dos productos.

Una propuesta publicitaria pasa por muchos tamices. Por brillante que sea, solo saldrá adelante si reúne todas las condiciones que la investigación haya previamente señalado y que se consideren precisas para alcanzar los objetivos comerciales, pues detrás de cualquier mensaje publicitario hay –suele haber– toda una estrategia que debe tener en cuenta el producto, el consumidor, el mercado y la competencia. Así, si un anuncio está bien hecho, cualquier matiz, por leve que éste sea, se corresponderá con un problema concreto, que la investigación ha señalado previamente.

*

Profundidad de campo: zona del enfoque en la que las figuras aparecen nítidas. La abertura de diafragma y la profundidad de campo están relacionadas; conforme la abertura disminuye –*ganar un diafragma*– aumenta la profundidad,.

Sensibilidad: la sensibilidad de una película expresa su velocidad de reacción al ser impresionada por mayor o menor cantidad de luz. La escala ASA de sensibilidades está construida de acuerdo con los criterios del Instituto Norteamericano de Normalización (ANSI), antes *American Standards Association* (ASA).

5/La arcilla y las herramientas del creativo: la imagen y...

Todo anuncio lleva imagen y texto: al menos, si entendemos estas dos palabras en un sentido amplio, porque incluso en radio los efectos especiales* podemos situarlos en el espacio de la imagen. La relación que mantienen estos dos elementos básicos de la comunicación, la imagen y el texto, no siempre es la misma, ni del mismo tipo. Un texto puede apoyar la imagen, contradecirla, denigrarla, cantar sus excelencias e incluso ponerla en cuestión. Lo que sí suele hacer, casi siempre, es darle un sentido concreto, esto es, *anclarla.* Consideremos, como ejemplo, el anuncio de *Chivas Regal,* un *whisky* prestigiado. En principio, la imagen es sugerente: una simple botella vacía y, por ello, llena de posibles significados. La botella por sí misma, esto es, lo que esa imagen intenta decir, aparece ante el consumidor como misteriosa, y las interpretaciones que ese consumidor puede darle son infinitas. Por ello el texto es el que *ancla* la situación, orientando al lector por el camino concreto que el anuncio pretende: *«Si usted piensa que la gente compra Chivas Regal solo por su botella, intente vender ésta.»* El redactor, va-

«Si usted piensa que la gente compra Chivas Regal solo por la botella, trate de vender ésta».

Las técnicas fotográficas permiten una manipulación efectiva de la imagen. En este caso la manipulación es evidente; en otros, está encubierta y puede pasar inadvertida.

liéndose de la ironía, de la paradoja, limita las posibilidades de que el lector encuentre cualquier otro significado al anuncio. Así, la comunicación aparece cerrada, contundente y, en consecuencia, persuasiva.

Pero hablemos por separado de imagen y texto; primero de la imagen. En principio, ésta puede ser una fotografía o un dibujo. La publicidad utiliza con más frecuencia la imagen fotográfica, dado que los estudios realizados al respecto aseguran que la fotografía aumenta el recuerdo en un 26% sobre el dibujo; y no solo el recuerdo, también la credibilidad. La imagen fotográfica es siempre analógica*: reproduce lo real-literal, o al menos así lo cree quien la contempla. Uno ve una imagen fotográfica y puede trasladarse imaginariamente al lugar fotografiado: casi-como-si-hubiera-estado-allí. A fin de cuentas, solo la fotografía y el espejo nos permiten contemplar nuestra propia imagen, la única que jamás podremos ver directamente.

Lo que, por lo general, el consumidor desconoce es que la fotografía es susceptible de todo tipo de manipulaciones. Cuando el fotógrafo encuadra un paisaje, está seleccionando –y, por tanto, manipulando– qué parcela de ese paisaje, qué parte de la realidad, vamos a conocer los demás. Cuando escoge el objetivo*, la profundidad de campo, la luz, etc., la manipulación se consuma definitivamente. Es más, las modernas técnicas fotográficas permiten llevar hasta sus últimas consecuencias esa manipulación.

El dibujo, en cambio, opera de otra forma. Todo dibujo conlleva un código determinado por el estilo: así, un

El estilo de un dibujo sirve para atraer a los consumidores sensibles a determinados valores. En estos anuncios se «vende» tradición y el prestigio del «avalista» indirecto.

dibujo será modernista, abstracto, hiperrealista, etc., según sea el estilo del ilustrador seleccionado. Y es, precisamente, en lo acertado de esa selección donde reside en parte la habilidad del creativo; porque, al elegir el estilo, selecciona el código y, con él, las significaciones culturales que harán que el receptor se forme una u otra imagen del producto. Dos anuncios de la misma marca de anís constituyen buen ejemplo del papel que se hace jugar al estilo para conseguir determinados efectos. Uno de los anuncios –*Anís del Mono. Primer Anís de España*– recurre a un estilo modernista, de época, pretendiendo así vender tradición. El otro, al servirse de una obra de Picasso, e incluso de su firma en forma destacada, pretende que el receptor infiera: Picasso, el genio, el número uno, el mejor/Anís del Mono, el primer anís, y no solo de España.

En conclusión: diferentes técnicas y estilos porque hay diferentes consumidores; unos responden mejor comprando aquello con sabor a viejo, tradicional, de siempre. Otros, sin embargo, son más sensibles al prestigio de lo vanguardista, de lo comprensible solo para iniciados. En cualquier caso, servirse de fotografía o de dibujo en un mensaje publicitario no es solo una consecuencia del gusto personal del creativo, sino –y también– una opción intencionada.

*

Analógica: que establece una relacion de semejanza entre dos cosas.

Efectos especiales: conjunto de recursos expresivos que sirven para ambientar el desarrollo de una acción o para crear en el receptor determinadas sensaciones.

Objetivo: sistema óptico formado por una o más lentes, capaz de dar imágenes reales de los objetos observados. Es la parte más importante de una cámara fotográfica.

6/...las palabras

Si la imagen constituye un elemento fundamental del mensaje publicitario, el texto –oral o escrito– es clave. De ahí que el redactor publicitario busque afanosamente las palabras y las frases más adecuadas para alcanzar sus objetivos. Palabras que, en general, no podrán ser las mismas para dos productos diferentes, ni para el mismo producto si se quiere vender a grupos sociales distintos. Y ello por una razón obvia: el redactor publicitario sabe que cada grupo social posee su propia jerga, su lenguaje específico, sus particulares signos de identificación. Y, en consecuencia, intenta dar el más adecuado.

Veamos un ejemplo: el anuncio de una «tienda muy exclusiva». Por todo texto lleva esta frase: *El estilo Loewe se siente en la piel.* Es evidente que este anuncio se dirige solo a un público de gustos exquisitos y de elevado nivel adquisitivo. Y precisamente por ello está construido de forma impersonal: *se siente*, lo que ayuda a crear cierta distancia afectiva entre anuncio y lector. No hay ninguna posible relación sentimental entre ambos; viene a ser como una traducción de la vieja frase inglesa: «Un caballero jamás demuestra sus sentimientos». Pero, a la vez, la frase es afirmativa, contundente, segura de sí misma. No aparece ningún *yo creo, parece ser, se asegura.* Es como un axioma universal que nadie puede negar; el mero hecho de hacerlo implicaría desconocer la calidad de los productos ofrecidos y que no se pertenece al grupo al que va dirigido el anuncio.

Para mayor reforzamiento de este esquema, el único texto que se acompaña es la relación de las ciudades donde está la firma en cuestión. Eso sí, sin direcciones. ¿Para qué? Quienes pueden comprar en sus tiendas ya saben dónde está Loewe. Nada más, salvo la fría belleza de la foto. No hay más texto, ni existen argumentos para incitar al consumidor a que compre en ellas. Ello supondría rebajar su *imagen de marca*, convertirse, casi, en un parlanchín. Y es justamente esa ausencia de argumentos, en este caso, el mejor argumento de venta. *Loewe es Loewe y punto. Usted sabrá si está a su altura.*

El ejemplo contrario puede ser el de una acreditada marca de bañadores. Porque en este caso el anuncio está cargado de argumentaciones. Comencemos por el titular: *Nadiuska habla de los calzoncillos*. Se trata de un titular cargado de significaciones:

Nadiuska-mujer-sexo
habla
calzoncillos-hombre-intimidad

Realmente, ningún hombre podría pasar por alto este anuncio, y menos aún, cuando el texto viene apoyado por una sugerente foto de la actriz. Además, el cuerpo del texto no tiene desperdicio. Aunque el esquema base es el tradicional: problema-solución-producto, la redacción, tal y como ha

El texto y la imagen del anuncio están condicionados por las características del producto; éstas exigen un lenguaje específico, inteligible por el grupo social al que pertenecen sus consumidores tipo. Cuando un producto tiene muy definidos sus consumidores, y éstos son minoritarios, su publicidad es distinta que la que promociona productos de uso general.

sido ordenada y distribuida, constituye un brillante ejemplo de persuasión publicitaria. El texto comienza señalando el problema: la imperfección de un hombre en calzoncillos; problema que no lo vive solo Nadiuska, tal como deja ver ese *¿verdad, señoras?* entre paréntesis. No deja de resultar curioso que el redactor haya seleccionado el «¿verdad, señoras?», en lugar de «¿verdad, amigas?». Y es que esa expresión ayuda a crear cierta distancia entre Nadiuska y las demás mujeres, entre la mujer-amante y la mujer-esposa, lo cual refuerza, indudablemente, las connotaciones eróticas del anuncio. A continuación, Nadiuska ofrece el dato que puede representar la solución del problema: *Un hombre en traje de baño puede ser el más hermoso de los animales.* Dato que, de la mano, conduce al producto: hagamos unos calzoncillos que parezcan un traje de baño. Y ¿quién mejor que la marca que más bañadores vende? Con ello, la argumentación se completa; eso sí, tras un discurso lleno de elementos retóricos. Nadiuska, por ejemplo, reconoce que el anunciante le ha ofrecido *unas cuantas pesetas* por emitir públicamente su opinión. Así, al admitirlo, evita que ese argumento negativo se vuelva contra el anuncio y, de paso, se descubra la trampa. Porque realmente, la opinión no es suya, sino la que el redactor publicitario ha elegido como más conveniente. Y, por último, viene la recomendación: *Los hombres deberían vestir por dentro, siempre, slips Meyba, por si acaso.* Una frase que podría reducirse a los siguientes términos: *hombres-por dentro-siempre-por si acaso.*

Un anuncio con abundante texto debe presentarse estructurado de forma tal que el lector se sienta atraído desde el primer momento por lo que en él se cuenta. En este caso, la opinión de una conocida actriz sobre una prenda íntima masculina ocupa el primer plano, mientras que las características del producto apenas alcanzan relieve. Se está muy lejos de la definición de Girardin: «Un anuncio consiste en decir que en tal número de tal calle se vende tal cosa a tal precio».

En resumen, se trata de un magnífico ejemplo de persuasión publicitaria, tanto en horizontal como en vertical: en horizontal, porque la exposición, desde el titular hasta la última palabra del texto, se presenta articulada de forma que obliga a leer el anuncio entero; en vertical, porque recurre sucesivamente, y en el momento preciso, a destacar aspectos considerados bienes apetecibles por la sociedad: masculinidad, belleza, competitividad, atractivo, sexo, sinceridad. Sin duda, se trata de un texto que reúne buena parte de la experiencia retórica de la historia de la persuasión.

7/Los eslóganes son eso y mucho más

El esquema básico de cualquier proceso de comunicación unidireccional –un *emisor* que a través de un *medio* hace llegar un *mensaje* a un *receptor*– adquiere en la publicidad unas características especiales, surgidas de la necesidad de asegurar por encima de todo la respuesta del receptor en el sentido pretendido: la compra de un determinado producto, una actitud favorable respecto a una institución, etcétera. Por eso, en el caso de la publicidad, más que de comunicación-información conviene hablar de persuasión; o, si se prefiere, de información persuasiva →8.

La evolución de las técnicas publicitarias ha seguido precisamente el camino marcado por la búsqueda de esa eficacia comunicativa. Y en una sociedad de masas como la nuestra, sometida a un vertiginoso ritmo de vida, el publicitario no solo tiene que «llegar» al público, sino que debe conseguirlo en instantes, al primer golpe de oído o de vista y mediante un razonamiento contundente. Esta es sin duda la causa de que en publicidad se haya generalizado el uso de un lenguaje conciso, breve, directo, vivo, que se suele concretar en una frase con la que siempre se pretende decir más de lo que literal y aparentemente se dice: el *eslogan.*

Gran parte del trabajo del redactor publicitario se centra en la persecución de la «frase feliz», unas cuantas palabras que, por sí mismas o ensambladas con una imagen, susciten en quien las reciba ideas o sensaciones suficientemente poderosas para movilizarle hacia el consumo.

El texto de los eslóganes, pese a su aparente simplicidad, suele ser resultado de un cuidadoso proceso de elaboración en el que, junto a las características del producto y las del sector o sectores del mercado a que va dirigido, se tiene en cuenta que si bien una imagen puede valer más que mil palabras, una adecuada asociación de éstas sirve para que el posible consumidor –que se mueve en un mundo donde el tópico frecuentemente circula como verdad irrefutable– encuentre la argumentación capaz de ofrecerle una razón para su comportamiento. Y puesto que la materia de que está formado el eslogan es la palabra, el redactor publicitario utiliza los recursos –figuras literarias: metáforas, reiteraciones, retruécanos*...– que mejor contribuyan en cada caso a conseguir un texto bello y llamativo. Así, es frecuente la referencia a frases hechas –*Súbete por las paredes, Pida que le den la lata*– pues de esta forma el mensaje publicitario se asocia en la conciencia del receptor a contenidos conocidos, lo que facilita su comprensión y atención, objetivos que en otras ocasiones pueden buscarse a través del ripio* o la cacofonía: *Del Caserío me fío, Colgate el mal aliento combate;* la onomatopeya*: *Un glú-glú de Campari y tres fshhh! de soda;* el doble sentido de una palabra: *Para olvidarte de otros rollos,* etc.

El eslogan, por otra parte, se dirige a un público que recibe diariamente una gran cantidad de información; parece lógico, por tanto, que trate de llamar la atención no solo por su originalidad, sino mediante la alusión a los intereses y preocupaciones comu-

¿Qué mejor forma de hacer pensar sobre un problema o una necesidad que poniéndolos directamente ante los ojos del público, sin más comentarios?: «La edukazion no funsiona». *Un buen eslogan puede cumplir perfectamente este cometido.*

«Súbete por las paredes», *un eslogan fantástico para reforzar el nombre de la marca y las características adherentes del producto.*

Los eslóganes también pretenden realizar su propia «conquista del espacio». Y en este caso, «sexualizar» un producto.

Lemas, consignas y eslóganes

Antes de que el eslogan fuera utilizado para la venta masiva de productos, los lemas y las consignas (sus más claros precedentes) habían desempeñado un papel en las actividades filosóficas, religiosas y políticas del hombre.

El efecto pretendido por todos ellos, si bien con objetivos diferentes, era el mismo: fijar en la conciencia del discípulo, del adepto, del simpatizante, o del simple curioso, los argumentos a favor de una determinada postura.

Hoy, todas estas actividades siguen utilizando este tipo de lenguaje, pero la gran expansión de la publicidad y de sus métodos ha modificado (especialmente en el caso de la política 26→) las formas de expresión.

En ocasiones, hay muy poca diferencia entre la campaña publicitaria de un producto y la propaganda electoral de un partido político.

nes del auditorio. Así, las cuestiones políticas: *Ni rojo, ni azul: Blanco y Negro;* los temas polémicos de actualidad: *El Banco de Bilbao cree en los derechos de la mujer;* una determinada forma de ser: *Eres independiente. Eres feliz. Creas tu propio ambiente. Eres personal y sugestiva;* o el atractivo de la naturaleza: *Destellos de sol en tu ropa,* son utilizados como palancas para la venta de revistas, bonos de caja, perfumes o detergentes; sin olvidar que siguen elaborándose anuncios que como único argumento ofrecen la afirmación categórica de sus supuestas cualidades: *Mejores no hay; Ariel es blancura,* y hasta la atribución en exclusiva de algo: *Pal, el color.*

Y en el otro extremo, aquellos que se sirven del lenguaje poético para activar ese poso romántico que todavía subyace en las mujeres y hombres de nuestro tiempo:

Aroma fresco,
como la limpia sensación
de mañana temprano.
Suave como la brisa
que mueve tus cabellos;
como tu piel
recién salida de la lluvia.

Con esos y otros recursos, el publicitario pretende calar hondo en cada consumidor; grabarle una frase, muchas veces apoyada por una melodía pegadiza, que le ayude a comprender que sin tal producto jamás podrá ser un individuo encantador, el amante ideal o simplemente un hombre.

*****

Cacofonía: vicio del lenguaje que consiste en la repetición de unos mismos sonidos.
Onomatopeya: imitación del sonido de una cosa mediante la palabra que lo expresa.
Retruécano: inversión de los términos de una proposición en otra subsiguiente para que el sentido de esta última contraste con el de la anterior.
Ripio: palabra o frase inútil que se emplea con el solo objetivo de completar un verso que deba rimar con otro.

8/El nacimiento de la teoría publicitaria

Una cosa es hacer publicidad y otra muy distinta escribir acerca de publicidad. La segunda de estas prácticas fue posterior, y no deja de resultar curioso lo tardío de la aparición de los primeros textos sobre publicidad, que inicialmente no pasaron de ser una mera alabanza de los anuncios. Así, en 1710, Addison ensalzó la publicidad, a la que calificó como «las reflexiones cotidianas más ricas y más fieles de una sociedad», llegando a afirmar que los anuncios son «pequeños lances domésticos que, a veces, me hacen saltar las lágrimas»; y, en cuanto a la función de la publicidad, dijo que «es informar acerca de dónde puede uno proveerse de casi todo lo necesario para vivir».

Los críticos aparecieron en seguida. En el mismo año 1710, Fielding, redactor-jefe de *Champion,* que calificaba la publicidad como «el arte de la persuasión» –definición que ha permanecido hasta nuestros días–, atacaba duramente ciertas prácticas publicitarias. También en el siglo XVIII aparecieron las primeras advertencias sobre ética publicitaria. En 1759, Samuel Johnson escribió en el *Idler* que «como todo arte, debe ejercerse subordinado al bien público, y no puedo por menos de advertir, como cuestión moral, a esos amos del oído público, si a veces no juegan demasiado caprichosamente con nuestras pasiones».

Aunque puede parecer que se trata de un problema surgido en nuestros días de desaforado consumo, la procedencia exótica de los productos es una característica que ocupa un lugar privilegiado en la publicidad. Este anuncio de 1920 pone el acento en la pureza y las condiciones higiénicas de una colonia.

Casi en paralelo, aparecieron las primeras ideas sobre la técnica publicitaria. Fueron estas sencillas reflexiones en torno a cómo hacer publicidad las que darían origen a toda la compleja técnica posterior. Addison fue, una vez más, el que primero escribió acerca de estos aspectos. En sus consejos dirigidos a los anunciantes, dejó dicho que «el gran arte de redactar anuncios consiste en encontrar el método apropiado para atraer al lector, sin lo cual puede pasar inadvertido algo que vale la pena». Para ello recomendaba la representación gráfica, sugiriendo la utilización, como reclamo, de asteriscos, grabados y letra pequeña «que incita al lector a leerla como quien descubre un secreto». Menos lejanas son las recomendaciones que Girardin hacía en el siglo pasado: «El anuncio debe ser conciso, sencillo y franco, así como carecer de encubrimiento e ir directamente a su objetivo con la cabeza alta.»

La conexión natural que existe entre unos y otros campos de la ciencia y la tecnología ha propiciado que el desarrollo de la publicidad, como el de otras muchas técnicas, se haya beneficiado del progreso de las ciencias más próximas, que han proporcionado nuevos enfoques, ideas prácticas o simplemente instrumentos.

Ya a principios de nuestro siglo, algunos estudios de la publicidad comienzan a prestar atención a los avances de una nueva ciencia, la Psicología, de la que en adelante tomarán buena parte del soporte teórico que fundamentará el contenido y la forma de los mensajes publicitarios. Una de las primeras concepciones globales en materia de comunicación publicitaria, la conocida por las siglas AIDA, se elaboró precisamente basándose en estudios psicológicos. En dichas siglas –llamar la **A**tención, despertar **I**nterés, generar un **D**eseo y conducir a la **A**cción de compra– quedaba sintetizado todo un programa de trabajo y el conjunto de reglas

El contraste puede ser un instrumento polivalente en mano del publicista, cuyas insinuaciones nacen en el anuncio y crecen en el cerebro del consumidor. El contraste, cuando se traduce «en el doble juego de las imágenes y las intenciones» –enseñar leones y hacer ver corderos o a la inversa– puede ser un instrumento imprescindible para la creación de algunos anuncios.

de oro que, de ser cumplidas, aseguraban –en opinión de Bernbach– la calidad y eficacia de un anuncio. Pero la técnica AIDA iba a ser superada poco tiempo después, paralelamente al avance de algunas otras ciencias, dando paso a nuevas y sucesivas teorías publicitarias.

El avance experimentado desde hace algunos años por la Teoría de la Información, ha influido en el estudio de la publicidad. Especial relevancia han adquirido las investigaciones sobre sus efectos sociales 27→. Asimismo, son importantes los enfoques semiológicos*, en los que la publicidad se estudia como un sistema de signos, tratando de deducir las leyes por las que se rige, a través de una metodología que, en principio, está muy relacionada con la del análisis lingüístico.

Sistema económico y publicidad

Una de las razones básicas del espectacular desarrollo de la publicidad hay que buscarla en el apoyo recíproco que el sistema económico capitalista y la publicidad se han prestado.

El conjunto de cambios que se producen en el marco de la llamada Revolución Industrial, tales como la división del trabajo, la aparición de nuevas formas de energía, la posibilidad de mecanizar operaciones que antes habían de realizarse a mano, permitieron producir grandes cantidades de diferentes artículos, cuya distribución había quedado también resuelta por la revolución que con el vapor habían experimentado los transportes (ferrocarriles y barcos, «vapores»). Pero la producción y distribución masivas exigen también la venta masiva, y ésta requiere de la publicidad en un sistema económico en el que el consumidor tiene cierta libertad de elección entre productos. Así, invertir más en publicidad se traducía en mayores ventas y beneficios. Igualmente, la vitalidad y creciente elaboración de que ha dado muestras la publicidad, es una respuesta a los cambios del sistema económico: la creciente competencia entre empresas, la necesidad de diferenciar los productos e ir creando «marcas» 24→, de producir series cada vez mayores para operar económicamente, la internacionalización de los mercados...

*

Semiología: el lingüista suizo F. Saussure (1857-1913) empleó el término en su *Curso de Lingüística General* (1916) para definir la ciencia «cuyo objeto es el estudio de la vida de los signos en el seno de la vida social». La Semiología es, por tanto, una ciencia que engloba a la Lingüística, ya que estudia todo tipo de signos, aunque en su desarrollo se ha centrado principalmente en el lenguaje humano.

9/Respuestas condicionadas y afectos reprimidos

El fisiólogo I. Pavlov (1849-1936), premio Nobel en 1904, realizó numerosos experimentos en su intento de explicar los llamados *actos reflejos*. Uno de los más conocidos consistía en hacer sonar una campana cada vez que ponía comida a un perro. Actuando así repetidas veces, observó cómo bastaba tañer la campana para que el perro comenzara a segregar saliva y otros jugos gástricos, igual que si tuviese comida a la vista. De este y otros experimentos, Pavlov dedujo que muchas de las respuestas (segregación de saliva) a ciertos impulsos o necesidades (hambre) pueden condicionarse por asociación a ciertas indicaciones (sonido de la campana). Dicho de otro modo: es posible sustituir estímulos naturales (ver comida) por artificiales (campana) sin que se modifique la respuesta (preparación orgánica para la acción de comer).

Pues bien, los creativos publicitarios no pasaron por alto las posibles aplicaciones que el *modelo de reflejos condicionados* tenía para su trabajo. Una aplicación práctica consistiría, por ejemplo, en intentar sustituir los condicionamientos existentes, creados tal vez por la competencia mediante la repetición y el esfuerzo, por otros nuevos condicionamientos, precisamente los que interesen para la adopción de una nueva pauta de consumo. Así, la creación de un clima navideño, con los motivos tradicionales: el pino, los regalos... y un *jingle** con inspiración de villancico pueden proporcionar un buen marco –un conjunto de indicaciones– para un anuncio de turrones que explote el hecho aprendido de que en Navidad –indicaciones navideñas– se come turrón –respuesta.

Apoyándose en este mismo modelo, los fabricantes de champán han intentado llevar la asociación más lejos: se trata de que el champán no se relacione solamente con las fiestas navideñas, sino con todas las fiestas y celebraciones: *Mañana es fiesta, con Delapierre.*

Generalizando, el publicitario que aplica el modelo Pavlov intenta asociar su producto a algún impulso social intensamente arraigado –erótico, sexual, de afecto, de seguridad, de prestigio– con el que apalancarlo, proporcionando aquellas indicaciones –palabras, susurros, colores, imágenes– que mejor originen el acto reflejo; por ejemplo, que la adquisición de un automóvil Rolls-Royce pueda satisfacer las necesidades de prestigio, consideración social y afirmación personal de alguien que cifra en ellas su intento de una cierta felicidad.

Tan fructífero como el modelo Pavlov, es el del neurólogo S. Freud (1856-1939), al que podríamos llamar *modelo de los procesos psíquicos no conscientes* o, también, *modelo de la represión aceptada de las tenden-*

El hombre tiende a buscar

El bienestar, la euforia. El éxito, el poder. El respeto y el reconocimiento. El amor, la intimidad, la ternura y la integración social. El alivio, la seguridad y la tranquilidad. La aventura, las nuevas experiencias.

El hombre rehúye

Las privaciones físicas, el dolor, el hambre, el insomnio. El fracaso y las privaciones. La indiferencia, el desprecio, la falta de amor. La preocupación, la ansiedad, el temor. El aburrimiento, la monotonía.

cias instintivas. Para Freud, nuestras tendencias instintivas chocan con las normas aceptadas y reguladas por la sociedad, por lo que procedemos –como mecanismo de adaptación a la realidad– a reprimir, a sacrificar tales tendencias, que se agazapan, tras la decisión voluntaria de no satisfacerlas, en la estructura profunda de la persona, en el subconsciente. Este proceso castrador provoca, con frecuencia, un conflicto íntimo entre esa especie de deseos no confesados y la conveniente y aceptada represión. La persona con tal conflicto vive de algún modo disociada, partida, esquizofrénica*: por una parte su consciente y por otra su subconsciente.

Las aplicaciones al campo de la publicidad del modelo Freud son muy fecundas. Por referirnos solo a una de las tendencias instintivas generalmente más controlada y reprimida, la sexual, piénsese en cuántos anuncios provocan el afloramiento de deseos no satisfechos y, a veces, ni siquiera reconocidos. En este sentido, potenciar en un anuncio las connotaciones sexuales de la forma de una botella –simple continente– puede ser tan importante para el éxito de un producto como la calidad del contenido. Es más, el solo afloramiento a la consciencia de algo considerado reprobable genera sentimientos de culpa, también en opinión de Freud. Por eso, la publicidad de un producto precocinado debe tener en cuenta los sentimientos de culpabilidad que su uso puede suscitar en amas de casa que hayan aceptado como bueno el papel de alimentar a su familia con esfuerzo y, consecuentemente, al menor coste monetario posible.

Es evidente que si el hombre persigue ciertos objetivos, el intento de venta de un producto deberá prometer que alguno de ellos puede ser alcanzado con la compra. Así, los anuncios resaltarán: a) productos que satisfagan necesidades fisiológicas; b) que ofrezcan seguridad, que ahuyenten los peligros externos al individuo; c) que proporcionen aceptación, que comuniquen una promesa de cariño, de integración a un grupo (motivaciones que, aunque poco tangibles y difícilmente atribuibles a un objeto, son, sin embargo, ampliamente utilizadas; piénsese, por ejemplo, en los anuncios de bebidas refrescantes y licores, en los que, muy frecuentemente, se apela a este sector emocional); d), que faciliten prestigio, que señalen un *status* social; e), que reafirmen la satisfacción de sí mismo, la autoestima; f), que denoten dominio, éxito, y g), que prometan independencia.

Son muchos más los modelos que podrían recogerse, además de los de Marshall 10→, Pavlov y Freud.

Nos referiremos solo a otro modelo, el *psicológico-social* de T. Veblen, según el cual las actitudes del consumidor están influidas por la sociedad en que vive. La cultura, la clase social, los grupos con los que el consumidor se identifica y convive, condicionan su comportamiento. En consecuencia, el creativo, al aplicar este modelo, debería identificar previamente a qué ámbito o ámbitos dirige el producto, utilizar el lenguaje apropiado –la jerga específica de ese grupo– y convertir el consumo del producto que promociona en un elemento más de relación social. Un ejemplo elocuente de aplicación de este modelo es el de la promoción mundial de los pantalones tejanos, con tal éxito que ha conseguido que «casi no se pueda ser joven... ¡sin vaqueros!»

Los pantalones vaqueros: una invasión de siluetas jóvenes y atractivas.

*

Esquizofrenia: nombre aplicado a un grupo de enfermedades mentales que se declaran hacia la pubertad y se caracterizan por una disociación de las funciones psíquicas: ruptura de la concordancia entre las impresiones sensoriales y las reacciones que provocan, entre las ideas y las emociones de la persona.

Jingle: canción breve o melodía que se utiliza para anunciar un determinado producto.

10/El comportamiento del consumidor: «olor a verde» y «fragancia tropical»

Si preguntáramos a los compradores del champú «Semillas de la Selva» –anunciado como «el único champú-champú que vitaliza el cabello con la fuerza natural y fragancia de la vegetación tropical»– por qué han adquirido precisamente ese champú y no otro, obtendríamos contestaciones como «me atrae su fragancia tropical», «es juvenil y huele a verde»,«es natural y bueno, se vende en farmacias», «me lo han recomendado», «tiene una buena relación calidad/precio», «confío en el fabricante», «he probado otros antes sin éxito», «no sé; necesitaba un champú cualquiera y escogí éste» o incluso «ya sabe, se trata del champú-champú». ¿Cuáles son las claves del comportamiento de estos consumidores? ¿Qué están buscando o comprando verdaderamente? «En la fábrica hacemos cosméticos y en la tienda *vendemos esperanzas»,* respondió un ejecutivo de una gran empresa de cosmética a una pregunta semejante.

Si el hombre de publicidad pudiera encontrar respuestas fiables a esas preguntas, su tarea sería mucho más fácil y, sobre todo, más efectiva. Podría adornar el producto con las características aparentes que sus potenciales clientes desearan hallar en él, daría con la frase exacta y la imagen más descriptiva. Sin embargo, lo habitual es que trabaje, únicamente, con algunas pistas de los que presume o intuye serán argumentos básicos de venta.

El comportamiento del consumidor, el cómo llega a tomar una decisión de compra concreta, ha constituido y constituye motivo de reflexión y de búsqueda para economistas, psicólogos y sociólogos; pero son tantos los factores que influyen en la mente del comprador desde que percibe la necesidad de un producto hasta que se decide por una marca concreta, que no existe un modelo general que explique, concluyentemente, las lucubraciones de la «caja negra» que es el cerebro humano. Existen, eso sí, *modelos parciales* de muy diferente interés según los productos, los mercados y la propia idiosincrasia de los consumidores.

Históricamente, el primer *modelo* para explicar el comportamiento fue de carácter *económico*; este modelo, formalizado por el economista A. Marshall, afirma que las decisiones de compra son el resultado, en gran parte, de cálculos racionales y conscientes. El consumidor, con recursos monetarios escasos, obligado a elegir varios entre múltiples productos, asocia a cada uno de ellos una cierta utilidad y compra una combinación de

«La razón es selectiva; en otras palabras, no es racional. Raramente cambiaremos las creencias de la gente con argumentos lógicos.»

P. MARTINEAU

¿Qué se compra exactamente: un gel de baño o la sensación de renacer? En el campo de la cosmética es muy utilizada la «venta de esperanzas».

En ocasiones, la publicidad puede apelar con éxito a la conciencia de crisis económica que posee el hombre de hoy, y reforzar así su comportamiento racional. En estos ejemplos, adopta dos formas: ahorro por comprar en hipermercados o grandes almacenes, y cambio del transporte individual por el colectivo (crisis de la energía).

productos tal que esta utilidad sea máxima. Según este modelo, el consumidor es un hombre económico y calculador. Desde luego, puede dudarse que sea éste un modelo útil para explicar la mayor parte de los actos de consumo; por ejemplo, difícilmente sería aplicable para saber por qué tal consumidor adquiere un mechero carísimo y no aquél mucho más barato e igualmente eficaz. Sin embargo, este modelo proporciona predicciones de frecuente validez como: «cuanto menor sea el precio de nuestro producto, mayor será el número de unidades vendidas».

El modelo de Marshall tiene su parcela de aplicación en publicidad, pero robotiza al consumidor, olvidando que puede comprar el champú «Semillas de la Selva» no solamente, sino también, y quizá principalmente, por «su olor a verde» y «su fragancia tropical».

Publicidad oculta

Una de las prácticas publicitarias más criticada es la que se apoya en la llamada «persuasión invisible». Consiste en utilizar efectos subliminales, esto es, imperceptibles de forma consciente por el receptor, pero que actúan sobre su inconsciente y pueden influir sobre su conducta. De esta forma, se evitan las formas de defensa que el consumidor puede oponer ante la publicidad. En este sentido, el sociólogo Vance Packard narra un experimento llevado a cabo en un cine de Nueva Jersey. Durante la proyección de una película se pasaron a intervalos regulares anuncios de helados, cuya duración era de apenas unas décimas de segundo, tiempo suficiente para que fueran vistos, pero insuficiente para que el público los percibiera de forma consciente; sin embargo, la venta de helados experimentó un aumento que solo cabía explicar por la influencia de tales anuncios.

11/Tipos de consumidores y clases de productos

Según acabamos de ver en los módulos precedentes, la decisión que lleva al consumidor a la compra de un producto concreto está influenciada por diversos factores, muchos de los cuales vienen determinados por la personalidad del propio sujeto, en tanto que otros se derivan de las características del producto. En cualquier caso, la decisión de compra se fundamenta en la relación que se produce entre ambos, consumidor y producto, matizada en los dos extremos por las peculiaridades respectivas. Por eso, aunque no existen estudios lo suficientemente detallados como para establecer una tipología rigurosa ni de los consumidores ni de los objetos de consumo, puede resultar interesante y esclarecedor llevar a cabo una clasificación basada en los distintos condicionamientos psicológicos y comportamientos que actúan sobre los unos y promueven los otros. Se trata, en definitiva, de destacar qué formas de personalidad inciden en la compra de qué productos, y cuáles de éstos parecen estar especialmente indicados para dar respuesta a determinadas necesidades.

Por lo que se refiere al primer aspecto, siguiendo una distinción ya clásica en la Psicología de la personalidad, hay que diferenciar básicamente dos tipos de consumidores: aquéllos que actúan de un modo más *racional* o *intelectualizado* y que, por tanto, tienden a buscar sobre todo razonamientos convincentes y argumentos sólidos para autojustificar su compra, y los que se mueven de una forma más *impulsiva*, mediatizados por el atractivo físico del producto o por cualquier otra circunstancia sensible que éste lleve asociada. En los primeros puede distinguirse, de modo general, entre aquéllos cuyo mayor o menor convencimiento está en relación directa con el precio («lo barato ante todo») y los que buscan primordialmente razones de calidad para justificar su compra, por lo que suelen ser consumidores fieles de un producto concreto, una vez convencidos de la conveniencia de su uso, si bien permanecen abiertos a cualquier otra argumentación que pueda ser igualmente convincente. Los impulsivos, por su parte, constituyen un público especialmente propicio para las campañas basadas en la «imagen de marca» 24→, pues, al predominar en su conducta elementos emotivos, tienden a desplazar el fundamento de su decisión hacia los aspectos simbólicos del producto. Sería el caso, por ejemplo, de quien compra una determinada marca de jabón porque, en el fondo, *le gustaría ser como la estrella que lo anuncia.*

En cuanto a las características de los productos, en relación con los aspectos psicológicos del comprador que tienden a satisfacer, y siguiendo parcialmente la clasificación propuesta por Marçal Moliné en su libro *La Publicidad,* se puede distinguir entre aquéllos que promueven una total *identificación* con el «yo» del comprador, los que se orientan a la satisfacción de necesidades *hedonísticas,* y aquéllos que responden a necesidades *básicas.*

De los primeros forman parte los *productos de prestigio* y de *status*, que sirven para evidenciar públicamente

El centímetro –como unidad de medida de la cintura– refuerza el carácter funcional del producto que se anuncia. No deja de resultar sorprendente que se promocionen productos alimenticios bajo la insinuación de «para perder peso» y no en lo que realmente son.

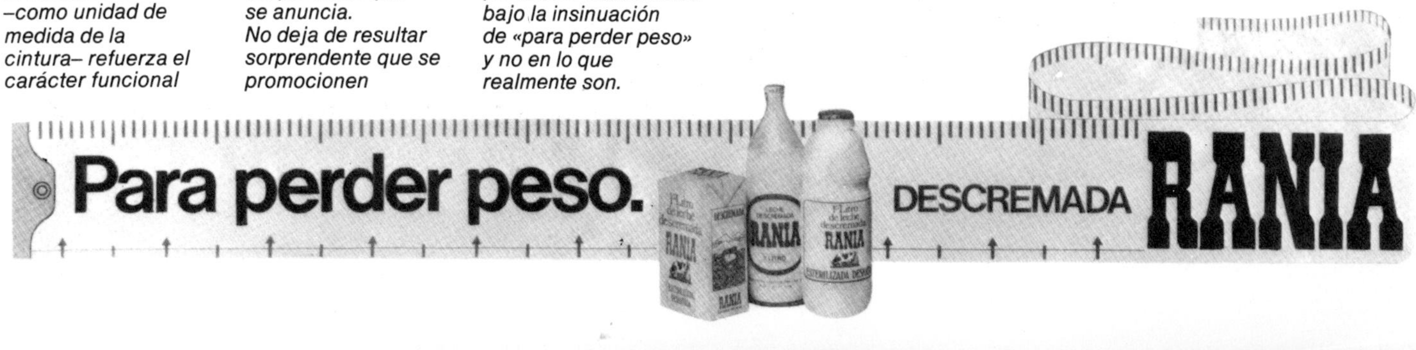

Los productos de prestigio, *status* o madurez, ofrecen la posibilidad de ser lo que no se es o lo que siempre se quiso ser...

No se preocupe por la celulitis, quítesela con esta faja; no se preocupe por la faja, quítesela después: secuencia lógica de los anuncios de «productos de ansiedad».

mente el éxito obtenido por su poseedor –cualquier producto caro presupone un cierto nivel de ingresos o la pertenencia a un determinado grupo social: existe una marca de calcetines que busca esta identificación desde el mismo nombre del producto: «Ejecutivo»–. También forman parte de este grupo los *productos de madurez,* que reafirman la pertenencia al mundo de los adultos (tabaco, alcohol), y los *productos de ansiedad,* que más que en la valoración del yo se basan en la defensa que ofrecen al consumidor frente a la inseguridad que éste pueda sentir; así, por ejemplo, los alimentos dietéticos, en cuyo consumo puede buscarse la liberación de los complejos ocasionados por una figura obesa.

Los *productos hedonísticos* se dirigen a satisfacer la sensualidad del comprador, y en este terreno procuran suscitar respuestas de consumo, tal como ocurre con los bombones y vestidos. Por último, los productos que responden a *necesidades básicas* –productos funcionales–, en principio no tendrían por qué ser objeto de fomento de su consumo. Sin embargo, lo son por la competencia entre distintos fabricantes, porque en muchos casos son varios los productos válidos para satisfacer una misma necesidad y también porque puede darse el caso de consumidores tan afectados por la publicidad, que olvidan la satisfacción de sus necesidades desviando sus recursos a la adquisición de objetos más o menos superfluos.

12/La investigación en publicidad

A medida que la publicidad aumenta su presencia en la sociedad contemporánea, los publicitarios y anunciantes comprenden que ya no es factible ni rentable seguir con los antiguos métodos de trabajo: el desarrollo de los medios de comunicación posibilita y exige nuevos tratamientos de los mensajes, pues la competencia comercial entre los productos es cada vez mayor. A partir de la década de los cincuenta se generaliza en el mundo publicitario –y especialmente en Estados Unidos– el uso de técnicas crecientemente complejas, basadas en la metodología utilizada por las Ciencias Sociales y la Psicología, con el fin de conocer el mayor número posible de datos acerca de los diversos factores que intervienen en la eficacia de la publicidad. La investigación, en suma, adquiere en este campo una importancia capital.

Tal como se concibe en la actualidad, toda investigación publicitaria debe responder a cuatro preguntas fundamentales: qué es lo que hay que decir, cómo decirlo, dónde decirlo y cuánto hay que gastarse. La búsqueda de las repuestas a cada una de estas cuestiones da origen a cuatro tipos de investigaciones diferentes, aunque todas están relacionadas entre sí.

• *Qué decir: investigación de motivaciones.* Su objetivo es determinar el contenido del mensaje mediante el estudio del cómo y el porqué de los procesos que ocurren en el consumo. El planteamiento básico del que se parte es que la motivación es un proceso que no se debe a un solo hecho o a una única causa. No se trata, pues, de buscar el factor que pone en marcha el comportamiento, la causa, sino la raíz profunda que explique dicho comportamiento: el motivo. Hay que tener en cuenta, además, que la motivación, en el campo del consumo, no se sitúa normalmente en el nivel fisiológico –instintos, impulsos básicos

El dar en la diana de las motivaciones profundas del receptor se convirtió en el leit motiv *de los publicitarios en la década de los 50 con el desarrollo de la investigación motivacional.*

como hambre y sed– al menos en países desarrollados, sino en los niveles psicosocial, que hunden sus raíces en la estructura profunda de la persona. Para sensibilizar esos niveles complejos e inducir a la compra o a la adopción de un comportamiento, el investigador cuenta fundamentalmente con el lenguaje. Su trabajo consiste, pues, en formular un mensaje que provoque la puesta en marcha de determinados procesos de pensamiento o emocionales, de forma tal que quien lo reciba considere o sienta como necesario algo que hasta entonces o no lo era para él en absoluto, o permanecía latente en los estratos inconscientes. Y no solo que necesite, sino que compre.

En general, al investigar no se puede pretender estudiar las motivaciones de todos los consumidores; por lo tanto, se selecciona una muestra, o grupo de personas que represente lo mejor posible a la totalidad o a un determinado sector de la población, al que se aplican diversas técnicas, con el fin de hacer emerger o *proyectar* –esto es, poner fuera– el proceso psicológico que conduce a la aceptación, al rechazo o a la indiferencia.

• *Cómo decirlo: investigación de recursos expresivos.* Una vez conocidas las pautas de comportamiento del consumidor y elegidos el contenido y la idea central del mensaje, el investigador publicitario debe plantearse cuál es la forma que debe darle para que sea captado por el receptor; es decir, qué recursos expresivos de entre los posibles –titulares, imágenes, música...– debe elegir para que entre mensaje y receptor se establezca un flujo comunicativo que haga llegar eficazmente a éste la propuesta que aquél contiene. Este es el objeto de la también denominada *investigación de diagramación*.

• *Dónde y cuándo decirlo: investigación de medios.* Para lograr que una campaña publicitaria cumpla su cometido es imprescindible conocer bien las características de los soportes o *medios* en que se va a desarrollar. Esto supone no solamente la elección de unos u otros –radio, prensa diaria, vallas–, sino la determinación de la frecuencia temporal (cuántas veces), el lugar (programa, página, ciudades, vías de comunicación), la hora en la que va a ofrecerse la publicidad, para lo cual es preciso conocer los niveles y tipos de audiencia de cada medio, y otros datos complementarios,según el tipo de campaña de que se trate [17].

• *Cuánto gastarse: investigación de ventas.* El objetivo de este último tipo de investigación es conocer la influencia de la publicidad en el nivel de ventas de un determinado producto, dato fundamental para la toma de decisiones económicas del anunciante en relación con la inversión en publicidad. Es uno de los aspectos más complicados, ya que sobre el consumo influyen muchas variables y no siempre es posible aislarlas para establecer en qué medida un aumento o descenso de ventas es el resultado de una campaña publicitaria. Por eso la investigación de ventas suele llevarse a cabo mediante experimentos controlados; por ejemplo, seleccionando dos muestras similares de población, una de las cuales es sometida a una campaña publicitaria y la otra no, para así poder evaluar las diferencias entre sus respectivos comportamientos de consumo [16].

¿Por qué fracasa una campaña?

La investigación en publicidad puede proporcionar los argumentos de venta de mayor fuerza, identificando su naturaleza económica, psicológica o de otro tipo. Cuando una campaña de ventas no llega a proporcionar los resultados esperados, es difícil saber qué parte de la responsabilidad se le puede atribuir a la publicidad. La experiencia indica que la publicidad suele fallar:

a) Cuando el mensaje hace demasiado explícita la motivación utilizada.
b) Cuando en aras de la «creatividad» el mensaje es ininteligible.
c) Cuando se crea una expectativa en el consumidor y la oferta ulterior no responde a dicha expectativa.
d) Cuando se utiliza el equívoco dando lugar a una reacción contraria a la esperada.
e) Cuando, sencillamente, el mensaje no se entiende.
f) Cuando el mensaje, la campaña, se dirige a un público-objetivo que no es el adecuado.
g) Cuando emplea argumentaciones fácilmente rebatibles por los hechos.

El lenguaje de los colores

Algunos experimentos han demostrado que todo hombre posee una escala de colores propia y que con ella puede expresar su forma de ser. También se ha comprobado que los seres humanos reaccionan de forma diferente según los colores que les rodean.Los últimos estudios psicológicos llevados a cabo sobre este tema, parecen demostrar que cada color guarda una relación con cada uno de los centros hormonales del hombre, provocando reacciones distintas. Y esto es algo que los publicitarios saben y utilizan.

Rojo. Color excitante, que parece salir al encuentro, adecuado para expresar la alegría entusiasta. Puede significar: pasión, emoción, acción, agresividad, peligro, guerra, vida, sacrificio, triunfo...
Azul. Color reservado, que parece que se aleja. Puede expresar: confianza, reserva, armonía, afecto, amistad, fidelidad, amor...
Verde. Reservado y esplendoroso. Puede expresar: naturaleza, juventud, deseo, descanso, equilibrio...
Amarillo. Color de la luz. Puede significar: egoísmo, celos, envidia, odio, risa, placer...
Anaranjado. Color del fuego flameante, el más visible tras el amarillo. Se usa como señal de precaución. Significa: regocijo, fiesta, placer, aurora...
Violeta. Indica ausencia de tensión, calma, autocontrol, dignidad, aristocracia, violencia, agresión premeditada...
Blanco. Es la luz que se difunde, el no-color; expresa inocencia, paz, infancia, estabilidad, calma, armonía...
Negro. Opuesto a la luz. Color de la separación, de la tristeza. Puede expresar: muerte, noche, ansiedad, seriedad, nobleza, pesar...
Gris. Iguala todas las cosas y deja a cada color sus características propias sin influir en ellas. Puede expresar desconsuelo, aburrimiento, vejez, desánimo.

(Sobre ideas de S. FABRIS y R. GERMANI)

13/La manzana y la mujer, instrumentos publicitarios

Resulta, sin duda, sorprendente afirmar que la serpiente del Paraíso formaba parte de un montaje publicitario dirigido a convencer a Eva, para que ella, a su vez, persuadiera a Adán de las excelencias de la manzana, fruta a la que, hasta entonces, no habían prestado atención.

Sin embargo, tan particular e irreverente interpretación del relato bíblico puede resultar útil para entender la función que la mujer desempeña en la publicidad.

Desde sus orígenes, las técnicas publicitarias han considerado a la mujer como la más hermosa de sus conquistas, pero también la han visto como el mejor medio para conseguir sus propios fines. Y esto, en un doble sentido: como destinataria de los productos que se pretenden vender, y como adorno bello y vehículo persuasivo para promocionar los más variados objetos de consumo en el mercado, desde bebidas alcohólicas hasta automóviles, pasando por cigarrillos, prendas íntimas masculinas, o *bebidas-fuertes-cosa-de-hombres.* En uno y otro caso, resulta patente que la publicidad recoge del entorno en el que actúa la distribución de los papeles sociales en función del sexo, y las pautas de conducta que éste lleva asociadas. De esta forma, si, por un lado, se dirige a la mujer ama de casa y la presenta como un ser que debe obsesionarse por la blancura de la colada, y, por otro, «garantiza» el disfrute de éxitos sexuales sin cuento por el simple hecho de vestir una determinada marca de pantalones, lo que se pone de manifiesto es la existencia de dos significados distintos en el papel que la mujer tiene asignado dentro de la sociedad: el de encantadora, eficiente y puntual servidora doméstica, y el de sugerente y seductor símbolo y objeto erótico.

«Es injusto lo que haces conmigo, Verónica. Dejas que me acerque, que me llene de tu aire y permites después que vuelva a estar solo otra vez. Yo quiero volver a verte, sentirte... Quiero respirar tu aire, Verónica».

A principios de siglo –cigarrillos París– u hoy, siempre la mujer como adorno del producto.

En la publicidad específicamente dirigida a la mujer suele filtrarse una concepción social que la considera como necesario complemento del hombre, para el que debe ser su reina y su esclava, su esposa y su amante, su servidora y su adorno, su pieza de caza y su trofeo, su... Para ello la mujer «debe» preocuparse de conseguir resplandecientes joyas y superactivos detergentes; pañales supersuaves, superabsorbentes, y minúsculas, exóticas y atrevidas prendas íntimas, así como los últimos jabones de efectos mágicos procedentes de ultramar y los vestidos a la última moda. Solo considerando tales funciones femeninas pueden comprenderse eslóganes como: *¿Podrían tus manos recibir una visita imprevista?* Este tipo de mensajes siempre aluden implícitamente al varón –sea esposo, amante o amigo– como objeto de conquista para la mujer, y, en consecuencia, la incitan a convertirse en un modelo de perfección física y de eficacia doméstica. Estimulando el realce de sus «atractivos naturales» o proponiéndole un mejor desarrollo de las tareas del hogar, la acción que se solicita de la mujer es siempre la misma: que consuma... para complacer al hombre, no para ella misma.

Basta ojear algunas revistas o detenerse en los anuncios de televisión, para convencerse de que el recurso a la mujer como símbolo erótico es una práctica muy frecuente en publicidad, lo que permite inducir al consumo al vincular las expectativas de sa-

Alejar de la mujer el miedo a la desnudez, opina G. Marmori, es la meta de mucha retórica publicitaria: «convencer de que el naturalismo público no es un episodio del paraíso perdido», sino oportunidad cotidiana. La modelo de turno, semidesnuda, incitante, es ejemplo sugerente de lo que se consigue mediante cremas adelgazantes o bronceadores salvajes.

tisfacción de las necesidades sexuales y de cualquier tipo a la posesión y consumo de determinados objetos. Pero esta relación rara vez se establece de forma directa. La publicidad que recurre a lo erótico utiliza un lenguaje lleno de insinuaciones, sobreentendidos y elipsis, pues de esta forma evita el peligro de herir el pudor de la audiencia y, además, juega con la imaginación del receptor, sirviéndole en bandeja sutiles sugerencias, cuyo contenido será concretado según el grado individual de represión o insatisfacción sexual. Desde este punto de vista, la publicidad representa la producción en masa de impulsos fetichistas*, de todo tipo de sueños eróticos y aventuras repletas de promesas utópicas.

En definitiva, la utilización de la mujer en los reclamos publicitarios sirve a veces para renovar la escena del Paraíso: Eva ofrece a Adán la manzana que ella ya ha mordido, bajo la astuta mirada de la serpiente.

Editado por Gustavo Gili

No venda zapatos, venda pies bonitos

Esta es una conocida frase de un investigador motivacional. De hecho, si en toda la publicidad el lenguaje sustituye al objeto, en la femenina tal sustitución aparece de una forma mucho más regresiva. Y ello por una razón fundamental: la publicidad dirigida a la mujer tiende a dejarla siempre donde está, en su papel apenas camuflado de mujer-objeto, en ocasiones, con ciertos toques de modernidad. Para comprobarlo, basta con observar el cuadro siguiente. Fue obtenido analizando 559 *spots** de TV. En él se refleja fielmente cómo la publicidad presenta los productos femeninos como sustitutos de las acciones que realmente debería realizar si esos fuesen sus objetivos.

Si la publicidad promete a la mujer	**le está vendiendo**
Caricias soñadas	Colonia
Olor fresco de su niñez	Jabón
Estar muy cerca	Dentífrico
Cercanía total	Desodorante
Fluido de belleza	Crema de aceite
Buena compañía	Camisas
Gran personalidad	Botas
Sencillez y alegría	Vaqueros
Adelgazar	Agua mineral
Apasionantes sensaciones	Tónica
Lanzarse a volar	Vermut
Cambiar	Rizador
Estar contentísima	Detergente
Un mayordomo	Lavavajillas
Liberarse	Lavadora

*

Fetichismo: en Psicología, conducta sexual que consiste en darle un significado erótico a determinados objetos. En general, fetichista es quien profesa culto o veneración a ídolos supersticiosos.

Spot: película publicitaria de corta duración.

14/El niño y la publicidad

Si la mujer es la más bella conquista de la publicidad, la actual generación de niños es su principal objetivo a corto, medio y largo plazo. En el niño, la publicidad no solo ve un importante consumidor actual, sino, en alguna medida, sabe que está trabajando para el futuro: una vez creado y consolidado el hábito del consumo, es bastante fácil corregir su orientación, dirigiéndolo hacia la satisfacción de nuevas necesidades.

Al igual que ocurría en el caso de la mujer, puede hablarse de dos tipos de publicidad infantil: la publicidad *con niño* y la publicidad *para el niño.* En la primera, el niño se erige en protagonista del anuncio, y será a través de su ternura, sus ocurrencias y su encanto por donde le llegue el mensaje al receptor final: el adulto. Este tipo de publicidad con niño, aun cuando es muy habitual en el campo de los productos alimenticios y en los del hogar –sin duda porque se trata de necesidades básicas del ámbito familiar– está siendo utilizado en otros campos y ya no es infrecuente ver a niños anunciando productos tan ajenos a su mundo como pueda ser una inversión en bonos de caja de una determinada entidad bancaria. Argumentos como los de *preocúpese por su futuro* o *piense en su seguridad,* dan pie para utilizar la imagen del niño y todo lo que conlleva.

En la publicidad *para el niño,* éste se convierte en el destinatario directo del mensaje y posible consumidor del producto (golosinas, juguetes o alimentos energéticos). Sería interesante realizar un estudio de los efectos especiales (animación de objetos, exageración de tamaños) que utilizan, por ejemplo, los *spots* de televisión incluidos dentro de este apartado. No resultaría nada sorprendente comprobar la meticulosa estructuración a que están sometidos. Y es que en la publicidad para el niño es donde más intensa y abusivamente se utiliza el binomio fantasía-realidad con el fin de aumentar las ventas.

En la actualidad, el lenguaje de los comics, con sus innovaciones, símbolos y onomatopeyas coloristas, está tan aceptado socialmente como el lenguaje del cine.

Ambos han forzado al hombre, y en especial al niño, a ver la realidad de modo diferente.

¿Por qué un niño o una niña de pocos años suele conocer los anuncios de la televisión y goza anticipándose a repetirlos con solo oír la primera nota de la melodía? ¿Menos anuncios, menos televisión o ambas cosas?

El juguete visual

La televisión es sin duda el medio preferido para la publicidad infantil. Los efectos que ésta pueda tener sobre el niño están todavía poco estudiados, pero, en principio, no deben separarse de los producidos por la programación general. El niño, debido a sus condiciones psicológicas y a su mayor indefensión ante el exterior, tiende a difuminar las diferencias existentes entre los programas normales y la publicidad, lo cual no quiere decir que los confunda, pero sí que no establece con nitidez la distinción entre, por ejemplo, una historieta de dibujos animados de la programación infantil y otra que sirve para apoyar la venta de un producto.

Por necesidades laborales, desidia o simplemente por comodidad, en muchas familias la televisión se ha convertido en la principal fuente de diversión del niño, un juguete visual del que éste recibe múltiples influencias, muchas de ellas negativas para el desarrollo de su personalidad. La experiencia parece demostrar que un excesivo «consumo» de televisión fomenta la pasividad y la dependencia, reduce la capacidad creativa y sustituye la imaginación por el mimetismo. Y hay razones sólidas para pensar que, por sus características, la publicidad dirigida al niño (sobre todo en lo que se refiere a los juguetes) acentúa, e incluso explota premeditadamente, tales efectos.

Por otra parte, la publicidad explota las pautas de comportamiento social, presentes y futuras, de los niños. Entre las muñecas de ayer y de hoy se dan grandes diferencias tecnológicas, pero las razones básicas de su éxito son las mismas de siempre y, en consecuencia, los argumentos de venta apenas han cambiado. Muchas veces, la deficiente formación de los padres o una determinada concepción de los *roles* de varones y hembras, conducen a fomentar la represión de la conducta infantil en uno u otro sentido. Así, por ejemplo, se impide la participación de las niñas en juegos considerados como masculinos, y se refuerza su adaptación a los trabajos hogareños. Y al revés en el caso de los varones. La publicidad tiene muy en cuenta este estado de cosas y organiza sus mensajes de forma que se adecuen a los usos dominantes.

Por si esto fuera poco, el publicitario sabe que con este tipo de audiencia cuenta con una ventaja adicional: el pequeño consumidor ha nacido en la era de la televisión y su capacidad de lectura de la imagen es más global e instantánea que la de los adultos. Por eso, no es de extrañar que, en un solo *spot* de veinte segundos, los publicitarios se atrevan a incluir dos juguetes distintos: saben que el niño es capaz de retenerlos perfectamente, pese a la increíble velocidad con que se desarrolla cada plano.

Son muchos los publicitarios que fundamentan las campañas no en la calidad de los productos, sino en los señuelos que ofrecen.

El niño empieza desde pequeño a reproducir los modelos de comportamiento y las actitudes de los personajes que se le presentan como héroes y vencedores. De esta forma, los juguetes bélicos entran a formar parte de sus ratos de ocio, en un contexto publicitario que en muchos casos recrea la imagen del superniño.

15/Las agencias de publicidad: así son, así trabajan

Los creativos publicitarios no son islas, no son genios que trabajan solitarios en sus torres de cristal oteando el comportamiento de la sociedad de consumo. Son técnicos en comunicación que se agrupan en empresas denominadas «agencias de publicidad». Pero, ¿qué es una agencia de publicidad? Está muy difundida la idea de que una agencia publicitaria constituye un lugar *esnob**, sorprendente, distinto. Sin embargo, al margen de una decoración más o menos atrevida, se trata de una oficina como otras muchas. Y es que, en definitiva, una agencia de publicidad es más que nada un grupo de personas que ofrecen un servicio muy concreto: su saber hacer profesional en un campo específico de la comunicación.

La agencia de publicidad suele organizarse internamente en diversas áreas especializadas de trabajo o departamentos, cada uno con funciones muy precisas, lo que no implica que actúen como compartimentos estancos, ya que las características de su labor obligan a un continuo trabajo en equipo. Los departamentos más comunes en las agencias publicitarias son los de contacto, investigación, creatividad y planificación de medios. Como en cualquier empresa, a estas secciones específicas se añade la de administración.

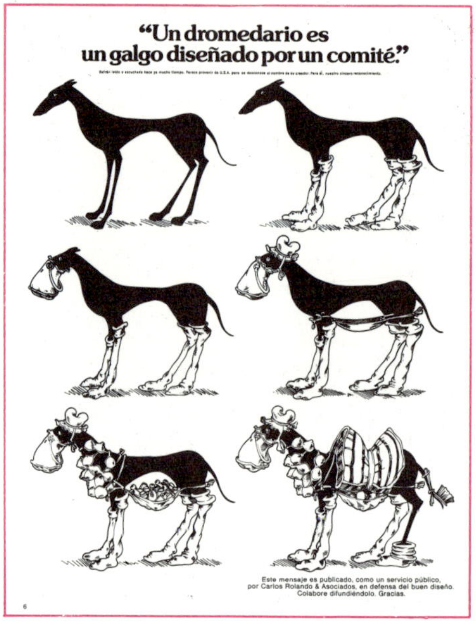

En una agencia de publicidad coexisten diferentes formas organizativas. En unos casos se impone el trabajo en equipo o en comité, con aportación de esfuerzos e ideas muy diferentes; en otros casos, alguien ha de desarrollar una idea, dándole su forma definitiva... La dirección ha de saber siempre cuándo es preferible un tipo de organización a otra, pues si no, se corre el peligro de diseñar dromedarios en vez de galgos, o galgos en lugar de dromedarios, pretendiendo lo contrario.

- El departamento de *contacto* establece relación directa con los clientes y en él se integran los llamados ejecutivos de cuentas, personas que representan los intereses del cliente dentro de la agencia y los intereses de la agencia ante el cliente. El ejecutivo de cuentas ha de poseer, para desarrollar adecuadamente su misión de enlace, conocimientos sólidos de técnicas de mercado para interpretar correctamente los problemas del cliente y, al mismo tiempo, un conocimiento de publicidad amplio como para poder explicar al cliente todas las cuestiones relativas a los trabajos que la agencia realice. Los ejecutivos de cuentas siguen las campañas de sus clientes, controlan su eficacia y procuran que se mantenga una relación continuada y satisfactoria para ambas partes.
- El servicio de *investigación* lleva a cabo los estudios que precisa cualquier campaña: investigaciones motivacionales, sondeos* pre-campaña y tests* post-campaña. Es un trabajo altamente cualificado en el que generalmente intervienen sociólogos, psicólogos, economistas, expertos en semiología y otros especialistas.
- El departamento de *planificación de medios* se encarga de distribuir y cursar el presupuesto publicitario. Su función es administrativa, desarrollándose en dos fases: primera, la planificación propiamente dicha, esto es, el estudio y decisión de en qué medios va a aparecer la campaña (vallas, radio, TV, prensa); y segunda, contratación de esos medios, para lo que previamente se determina el cuándo, el cuánto y el cómo; queda, más tarde, el control del cum-

plimiento de las órdenes de inserción que se contrataron y cursaron.

● El departamento de *administración* gestiona el funcionamiento básico de la oficina, atendiendo el pago de los gastos generales y de personal, elabora las nóminas, factura y controla los ingresos, organiza la contabilidad y prepara los presupuestos y los balances anuales.

● En cuanto al departamento de *creatividad,* suele ser el corazón y el cerebro de la agencia, ya que son ideas, en definitiva, lo que ésta vende. Su función es concebir, diseñar y realizar los mensajes que constituirán la publicidad propiamente dicha, todo ello sobre la base de los resultados de la investigación.

Esta estructura tiene como función fundamental idear los mejores cauces de comunicación para que un fabricante de cualquier producto haga saber a los potenciales consumidores: primero, la existencia del mismo; y segundo, sus características generales, así como las diferencias respecto a otros productos de la competencia. Para conseguirlo, la agencia prepara lo que se llama «campaña publicitaria». Las fases de preparación de una campaña suelen ser las siguientes:

● **Información base.** En esta fase, el cliente suministra a la agencia información en torno al producto, la competencia, formas de distribución, planteamiento y resultados de las campañas anteriores si no se trata de un nuevo lanzamiento, y, sobre todo, objetivos comerciales: cuánto, dónde, a quién y en qué tiempo quiere vender su producto.

● **Investigación.** Recogida la información, la agencia debe analizar sus puntos fuertes y débiles y cubrir la posible falta de información a través de su propio departamento de investigación, comprobando si el grupo-objetivo es el adecuado, así como toda una serie de datos que el cliente no suele facilitar: publicidad e inversión de la competencia, motivaciones utilizadas por ésta, y un conocimiento más científico y profundo del consumidor-objetivo.

● **Estrategia creativa.** A la vista de los resultados de la investigación, la agencia establece su estrategia creativa. Fija, con arreglo a la posición que se le quiera dar al producto, el eje de campaña, también llamado elemento motor o argumento central, que se va a utilizar con la intención de persuadir y conducir a la acción de compra. Hay agencias que incluyen en esta fase la planificación de medios, en cuanto es una labor íntimamente ligada a las decisiones creativas.

● **Creación.** El equipo creativo suele estar formado al menos por un redactor y un director de arte. Aunque su nivel de integración suele ser tal que a veces resulta difícil delimitar la actividad de cada uno, en principio, corresponde al redactor la elaboración de los textos, y al director de arte la concepción de las imágenes más adecuadas y la forma en que texto e imagen deben presentarse. Su trabajo se plasma en uno o más bocetos que desarrollan el eje de la campaña o idea central.

● **Control.** Las agencias tienen un equipo de control formado por el supervisor o ejecutivo de la cuenta, los responsables de investigación y medios y el propio grupo creativo. Este equipo enjuicia colectivamente la campaña de acuerdo con los objetivos acordados y trata de ver si realmente es válida para alcanzarlos.

● **Presentación.** La campaña suele presentarse al cliente a nivel de simples bocetos. Si es aprobada, pasa a la fase de realización: fotografías, dibujos, composición de textos, música, etcétera, hasta disponer del *spot* o del llamado *arte final.*

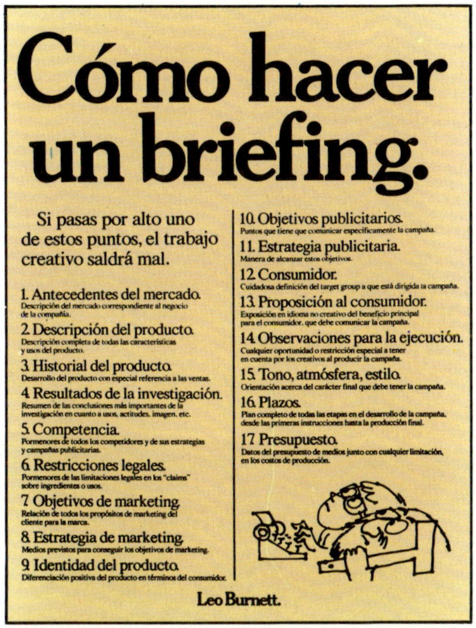

El trabajo creativo comparte aspectos técnicos y artísticos; sin arte se crean solo anuncios mudos; sin técnica, solo anuncios muertos. Son muy interesantes los 17 puntos que señala Leo Burnett para hacer un briefing*. *Pero hay tantas formas y grados de cumplirlos, que ninguna metodología, por buena que sea, asegura el éxito. A la receta hay que añadir el trabajo inteligente y creativo.*

*

Briefing: término inglés que se utiliza para designar las reuniones preparatorias en las que se plantea la forma de llevar a cabo una acción y, en particular, una campaña publicitaria o un estudio de mercado.

Esnob: persona que, o lugar donde se, profesa admiración exagerada por lo que está de moda.

Sondeo: acción de enterarse con cautela del estado de una cosa o de la manera de pensar de una persona o de un grupo.

Test: prueba, examen, experimento.

16/¿Cuánto hay que gastarse en una campaña? ¿Dónde está el negocio?

Hay una frase que se ha hecho famosa en el mundo de la publicidad; una frase que es, naturalmente, de un anunciante. Parece ser que, en una reunión de trabajo, dijo: «Sé que tiro la mitad de mi presupuesto publicitario. El problema es que no sé qué mitad.» La verdad es que si esto fuese así, en publicidad se tirarían muchos cientos de millones. Basta considerar que la facturación global de las quince agencias más importantes del mundo superó los 15.000 millones de dólares en 1979 y que, en ese mismo año, una sola agencia preparó 5.000 anuncios distintos para una empresa automovilística.

La determinación de lo que se va a invertir en una campaña publicitaria –su presupuesto– suele realizarla el cliente, aunque es frecuente que la agencia recomiende una cifra aproximada. Pero, en ambas situaciones, las preguntas son éstas: ¿bajo qué criterios?; ¿cómo saber cuánto invertir en publicidad para conseguir cierto volumen de ventas?

Es frecuente determinar el presupuesto aplicando un porcentaje sobre las ventas realizadas en una campaña anterior. Pero, que se sepa, nadie ha podido precisar de forma indiscutible cuál debiera ser ese porcentaje. ¿Y cómo saberlo cuando se trata de lanzar un producto nuevo, del que se carece de antecedentes? Otros clientes fijan su presupuesto con arreglo a la inversión de la competencia. Este criterio puede conducir a derrochar, solo porque «los demás gastan tanto y nosotros no vamos a ser menos». En otros casos se aplican a publicidad parte de los beneficios obtenidos en el año anterior. El problema de este método es que puede conducir a presupuestos elevados cuando las cosas han ido bien, o, por el contrario, reducidos, precisamente cuando más necesaria sería la publicidad.

Cada día, afortunadamente, son más las empresas que operan racio-

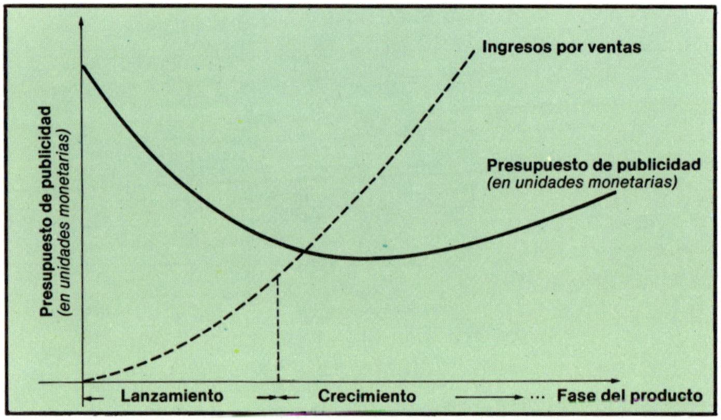

En la fase de lanzamiento, cuando las ventas son aún bajas, el presupuesto publicitario anual es alto; luego, se va reduciendo hasta alcanzar un cierto nivel de mantenimiento, que crece más o menos proporcionalmente a las ventas.

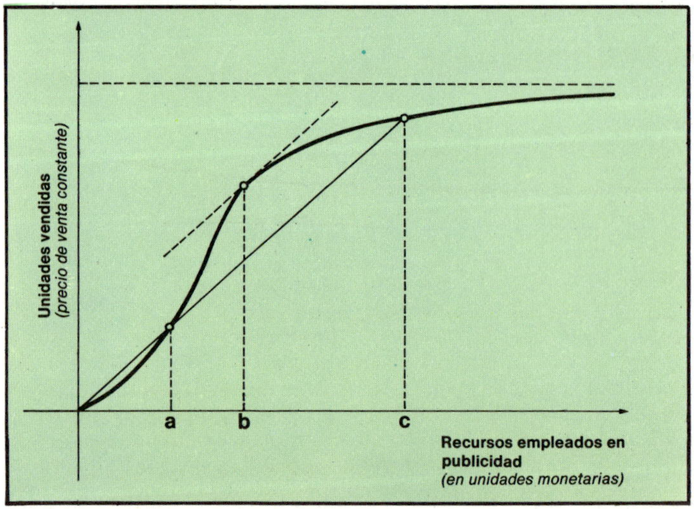

Toda acción publicitaria tiene un cierto umbral de eficacia que se hace necesario alcanzar. A partir de ese punto –a–, los resultados mejoran notablemente –hasta b– con un coste incremental pequeño. Superado cierto límite –c–, el aumento de publicidad apenas mejora las ventas.

Cálculo publicitario

Si se contara con estimaciones fiables de: a. número de unidades vendidas –a un precio dado– para diferentes presupuestos de publicidad; b. costes de producción *unitarios* según la cantidad producida, la determinación del nivel de gasto publicitario más conveniente podría calcularse, aún aproximadamente, con facilidad.
Imagínese un producto cuyo precio venta es 18.000 unidades monetarias (um) y cuyo coste de producción unitario varía desde 16.000 um/unidad a 10.000 um/unidad, según se incremente la producción de 5.000 a 15.000 unidades/año. Para vender 15.000 unidades/año son necesarios 100 millones de um de inversión en publicidad, mientras que son suficientes 15 millones para vender 5.000 unidades/año. El cuadro siguiente estructura, más concretamente, la información anterior para cuatro alternativas diferentes, indicando el procedimiento de cálculo:

	A	B	C	D
1. Precio de venta (um)	18.000	18.000	18.000	18.000
2. Unidades vendidas	5.000	8.000	13.000	15.000
3. Ingresos ventas (= 1 × 2) (millones de um)	90	144	234	270
4. Coste unitario	16.000	12.000	11.000	10.000
5. Costes producción ventas (= 4 × 2) (millones de um)	80	96	143	150
6. Presupuesto publicidad (millones um)	15	35	50	100
Margen (millones de um)	–5	13	41	20

En este caso, la opción C (50 millones de publicidad) resulta ser la más adecuada. La publicidad ha operado favorablemente sobre el margen, en un doble sentido: directamente, al incrementar los ingresos por ventas, e indirectamente, al propiciar reducciones en los costes unitarios de producción. La publicidad también opera desfavorablemente sobre el margen al representar, ella misma, un coste. En la práctica no se dispone de tanta información, por lo que las decisiones suelen ser más inciertas.

nalmente, analizando más variables, para intentar objetivizar su presupuesto publicitario. El manejo de muchas variables contribuirá a disminuir el margen de error, pero nunca conseguirá eliminarlo del todo, porque hay factores de los que se desconoce su incidencia. De hecho, con la misma inversión se puede obtener un éxito o un fracaso, en función, por ejemplo, de la calidad de la campaña; puede llevar a replantearse si elevar o reducir un presupuesto ya aprobado. Y ello sin rebasar ciertos límites, por encima o por debajo, porque por muy brillante que sea un mensaje publicitario, su eficacia podría ser menor que la de otro de menos calidad, pero difundido más intensa y frecuentemente.

Además de la inversión total, es muy importante su distribución entre los diferentes medios, aunque, generalmente, por disponer de información abundante, fiable y actualizada, la planificación de medios suele hacerse con más rigor que la determinación del presupuesto de la campaña. En este sentido se tiene en cuenta no solo la mayor o menor adecuación de la publicidad a las características de cada medio, sino las modificaciones que deban introducirse en función de variables tan diversas como el lugar, la hora o el contexto en que se va a insertar el anuncio. Así, por ejemplo, se sabe que las páginas impares de los periódicos, por su situación, son de lectura preferente y que la audiencia de televisión es mayor a ciertas horas de la noche que a media tarde.

El gasto publicitario, en su mayor parte, se distribuye entre dos destinatarios: los medios y las agencias. Los ingresos de la agencia, generalmente, guardan proporción con la inversión total de la campaña. Para ello se acuerda un porcentaje entre anunciante y agencia, que suele ser el 15%. Este sistema está actualmente en entredicho, y ello por dos razones fundamentales. La primera, porque en el caso de campañas con presupuesto muy alto correspondería a la agencia una retribución posiblemente no proporcionada al trabajo realizado. Y al contrario si la inversión fuese muy reducida. La segunda, porque la agencia puede recomendar una distribución del presupuesto que no sea la más adecuada para el producto, guiada por los descuentos mayores o menores que obtiene de uno u otro medio. Para obviar esos inconvenientes, se ideó un nuevo sistema retributivo cuya aplicación se está generalizando. Se trata del llamado *fee*, consistente en fijar una retribución por el trabajo realizado, sea puramente creativo o de servicios plenos. En definitiva, consiste en fijar cuánto dinero va a recibir la agencia, independientemente de la inversión en medios. Pero cualquiera que sea la modalidad acordada, la publicidad es un servicio caro. Tanto más cuanto más creativa, seria y profesional sea la agencia.

17/¿Por qué unos anuncios nos llegan por televisión, y otros por radio o vallas?

En las sociedades desarrolladas la publicidad no solo presenta los productos, sino que también induce al consumidor a desearlos. Para ello utiliza toda clase de soportes diferentes: TV, radio, prensa. En este caso, se recoge una misma campaña que presenta materiales distintos para cada medio: vallas, revistas y, en página siguiente, televisión.

La inserción y difusión de un anuncio publicitario en uno cualquiera de los medios de comunicación, no se debe, generalmente, a casualidad o a capricho. El dónde, cuándo y cómo debe aparecer cada anuncio de una campaña publicitaria, es algo que se estudia y valora con todo detenimiento. Porque antes de decidir la difusión de un anuncio en tal o cual *medio* –TV, radio, prensa, revistas– y en tal o cual *soporte* –los distintos diarios dentro de la prensa, las diferentes emisoras dentro de la radio-TV– se consideran diversos datos, no solo económicos, aunque éstos son excluyentes, de forma que, con el mínimo dinero posible, se asegure la recepción del mensaje por el máximo número de consumidores, precisamente aquellos a quienes mejor se adecua el producto, y el número de veces preciso para asegurar la eficacia.

Consideremos un hecho real a título de ejemplo. Se va a lanzar al mercado una nueva marca de afeitadora eléctrica, instrumento técnicamente avanzado y caro. En primer lugar, se procede a definir el *perfil* o conjunto de características del consumidor-tipo, aquel que con mayor probabilidad será comprador de la afeitadora, y el número de personas que responde a ese perfil teórico. Para definirlo, es preciso seleccionar las características a considerar. En un modelo muy simple, se reducirían a estas cuatro: sexo, edad, *status* socioeconómico y población de residencia.

En cuanto al sexo, ¿cuál es usuario de afeitadoras? Por este solo criterio, no se consideran potenciales consumidoras a las mujeres, aunque pueda darse cierto uso entre ellas, siempre muy limitado. Por consiguiente, si la población total del área de difusión de la campaña publicitaria es de 33 millones de personas, 17 de ellos mujeres, por esta primera característica se sabe que el consumo máximo sería de 16 millones de afeitadoras, en el supuesto de que todos los varones la adquiriesen. Si se considera el factor edad de los varones, quedarían excluidos, aunque la frontera sea en este caso poco precisa, los menores de dieciséis años, lo que supone alrededor de siete millones menos de consumidores potenciales. Se prosigue estimando el grupo de población masculina que por su nivel de ingresos no podrán comprarla (recordemos: era un producto caro). De forma similar se considerarían los factores *status* social y económico y distribución de la población masculina adulta según tamaño de sus lugares

de residencia, ya que no pueden esperarse respuestas idénticas de diez varones residentes en grandes ciudades, que de diez campesinos rurales.

Avanzando así, al considerar más y más variables, se llega a caracterizar al consumidor-tipo: varón, mayor de dieciséis años, de clase media o alta, residente en núcleos urbanos; y, tambien, a establecer previsiones y estimaciones de compra, generalmente señalando un máximo optimista y un mínimo pesimista. Si conviene afinar en las estimaciones, incluso se pueden asignar distintos porcentajes de probabilidad de compra a cada uno de los grupos. Una estimación posible sería la siguiente:

Estimaciones de probabilidad de compra

Sexo		Edad	
Hombre	100	0-15 años ..	0
Mujer	0	16-24 años ..	5
		25-44 años ..	40
		45-64 años ..	35
		+ de 65 años ..	20
Status		**Residencia**	
Alto	10	1 a 5.000 h	0
Medio/alto...	40	5.000 a 20.000	10
Medio	45	20.000 a 100.000	30
Medio/bajo ..	5	+ de 100.000	60
Bajo	0		

Definidos el perfil del consumidor, el número de compradores potenciales y la posibilidad de compra por segmentos dentro de cada grupo, interesa saber cómo llegar, al menor coste, al mayor número posible de dichos posibles consumidores. De ahí que se investigue qué periódicos lee el consumidor-tipo, qué programas de radio y TV escucha y ve, en qué barrios habita, qué revistas compra. Solo así se puede diseñar el plan de medios, es decir, el dónde (radio, prensa, TV, revistas, vallas), en qué proporción a cada uno de los medios, y el cuándo (a qué hora según programas, en qué días si se trata de periódicos).

Con la distribución de medios se pretende cubrir todo el mercado –*cobertura*– es decir, llegar prácticamente a la mayoría de consumidores-tipo. A todos no es posible: pensemos en aquellos que no ven TV o no leen prensa. Además, es preciso considerar la *frecuencia:* ¿cuántas veces debe llegar el mensaje a cada consumidor-tipo para asegurar cierto grado de eficacia? Pero al relacionar cobertura y frecuencia aparecerá el hecho de las *duplicaciones*. Porque puede suceder que los lectores del diario X sean prácticamente los mismos que los de la revista Z. De ser así, o se distribuye la difusión entre uno y otro medio, o se renuncia a uno de ellos. En cualquier caso, la cantidad de datos con los que operar puede ser tal, y las combinaciones tantas, que se impone en toda investigación el uso de ordenadores por el número de variables y datos que éstos pueden almacenar y relacionar, y, además, por la rapidez de cálculo.

Pero con todo ello, por importante que sea un estudio riguroso de la planificación de medios, no basta. Incluso en algo tan técnico como esto, es preciso utilizar la intuición, las informaciones motivacionales, el sentido común y la imaginación. Los consumidores –todavía– no son *robots*.

18/Publicidad en TV

En televisión, la forma más usual de pieza publicitaria es el *spot* o *comercial,* película rodada con fines publicitarios y transmitida en los *bloques* establecidos a tal fin. La duración de estos *spots* oscila de diez a sesenta segundos, y rara vez son de mayor duración. Pero, ¿cómo se hace un comercial? En principio, se trata de una película que utiliza exactamente el mismo material que el cine de larga duración (35 milímetros), con la salvedad de que en el cine la película pasa a veinticuatro fotogramas por segundo y en televisión lo hace a veinticinco. Por lo demás, en cuanto a técnicas de iluminación, cámaras y equipos, todo es similar. No obstante las semejanzas en el lenguaje, sí se aprecia una diferencia fundamental: el *spot* suele tener un ritmo más rápido dada la limitación del tiempo, y recurre a planos más cortos debido al menor tamaño de la pantalla. De hecho, estas características –tiempo y espacio– han dado lugar a un proceso de diferenciación, cada vez mayor, entre la forma de hacer cine y la forma de hacer televisión.

Por muy sencillo que parezca un anuncio de los muchos que se emiten a diario por televisión, generalmente se han seguido una serie de fases cuya simplicidad es solo aparente y que precisan el trabajo de especialistas muy diversos. Las fases más comunes son las siguientes:

- **Guión técnico.** Se trata, en primer lugar, de desarrollar la idea central del comercial en dos secuencias paralelas y sincronizadas: por un lado, el *video* (la imagen), y, por otro, el *audio* (texto, música, efectos especiales).
- **Story board.** Consiste en un conjunto de viñetas representativas de lo que después serán las imágenes del *spot,* acompañadas de los tex-

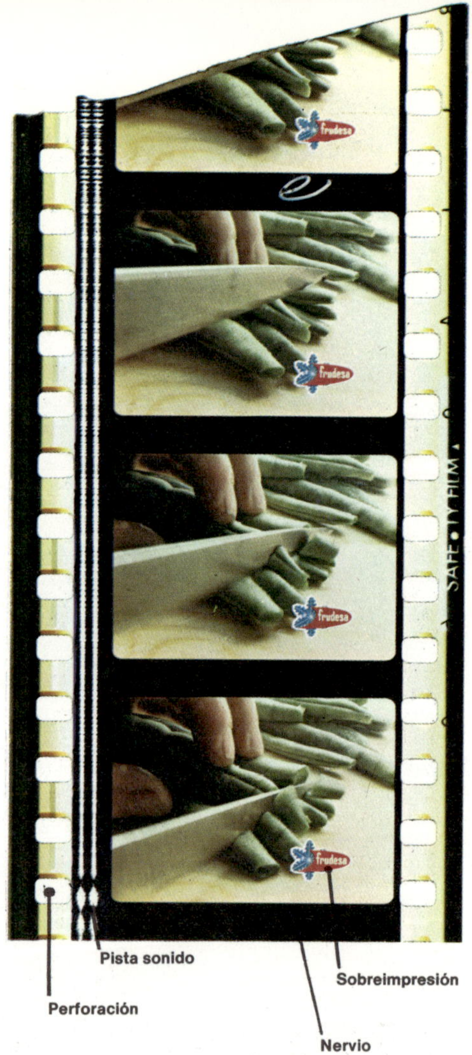

Un anuncio por TV llega a millones de espectadores. Para crearlo son necesarios complicados montajes, tanto técnicos como ambientales. Todo spot se diseña primero en un conjunto de viñetas –story board– *que sirve de base para la posterior realización de la película, cuyas distintas pistas recogen las imágenes, el sonido, los efectos especiales, etc.*

tos que se vocalizarán simultáneamente a la proyección de cada una.

● **Jingles.** Reciben este nombre las músicas que llevan los comerciales. Tras realizar una maqueta previa, se procede a la composición.

● **Selección de Productora.** Las agencias, habitualmente, no disponen de los medios técnicos precisos para el rodaje, la grabación, el revelado del material fotográfico, etc. Por ello, una vez definidas y aprobadas las fases anteriores, establecen contacto con diversas productoras, empresas que sí disponen de dichos medios. Por regla general, cada productora contactada elabora un presupuesto que sirve a la agencia para decidir con cuál contratará la producción y realización.

● **Preproducción.** Elegida la productora, se procede a un trabajo en equipo entre sus técnicos y los de la agencia para perfilar el guión técnico, fijar los tiempos y tomar decisiones sobre: *localización* (dónde se va a rodar); *casting* o *reparto* (qué actores o modelos van a intervenir); *personal técnico* (quién será el realizador, el operador, etc.); y *equipo* (tipo de cámara, grúa, focos, etc.).

● **Rodaje y revelado.** El rodaje suele durar pocos días, dado que a él se llega con una planificación del trabajo muy pormenorizada. Que el tiempo invertido en rodaje sea el mínimo necesario, resulta importante, tanto porque cada día de rodaje supone cuantiosos gastos, como por el escaso tiempo que el anunciante suele dar a la agencia para la realización de la campaña. Terminado el rodaje, el material pasa al laboratorio para el revelado.

● **Copión.** Del laboratorio sale todo lo rodado: metros y metros de película en los que las escenas se repiten una y otra vez. A ese conjunto se le llama *copión.*

● **Montaje.** Descartado lo que no sirve y seleccionadas las mejores tomas, se procede a montar la película, es decir, construir la historia tal como aparecerá en TV.

● **Sonorización.** Con el comercial montado se procede a sonorizarlo en una sala de grabación. La sonorización consiste en grabar la música, los efectos especiales (sonidos de un teléfono, pasos, ruidos de calle) y la locución (diálogos, voces). Una vez grabado todo por separado, se mezcla, de forma que unos y otros sonidos aparezcan ordenados tal como se oirán.

● **Truca.** Si el *spot* lleva sobreimpresiones –el nombre de marca, el logotipo, algún texto– o si se decide modificar la imagen con algún efecto especial, se procede a manipular determinados fotogramas, labor que profesionalmente se denomina *truca.*

● **Corte negativo.** De todo el negativo que se rodó, se cortan las tomas seleccionadas en el montaje para construir la película definitiva.

● **Etalonaje.** Es un proceso de laboratorio por el que se iguala el color de las distintas tomas del comercial, a fin de que éste no presente «saltos». Estos pueden deberse a que las tomas fueran realizadas en días con distinta luminosidad o a problemas de revelado.

● **Primera copia.** Sincronizados imagen y sonido e igualado el color, se procede a obtener la denominada primera copia, que constituye ya el *spot* prácticamente definitivo.

● **Copias definitivas.** Realizadas las correcciones, si son precisas, en la primera copia, se hacen los duplicados que se necesitan, varios para TV y otros para el anunciante y para la agencia.

La televisión es el medio más adecuado para anunciar productos de consumo masivo. Esta publicidad exige el trabajo de dibujantes, cámaras y técnicos.

Este proceso presenta diversas variantes, sobre todo, si se trata de un comercial con dibujos animados o de un *spot de bodegón* (realizado en estudio). Pero vale como esquema típico que, además, nos permite percibir lo complejo que resulta preparar una pieza publicitaria. Complejo y caro, ya que aunque es difícil establecer una media, un comercial de veinte segundos puede costar de treinta a cincuenta mil dólares. Estos costes podrían reducirse si prosperase la publicidad en *videotape,* ya que este sistema resulta notablemente más barato que el tradicional, si bien aún no ha alcanzado las prestaciones que se obtienen con la técnica cinematográfica actual.

19/La publicidad en radio

En la radio coexisten tres formas básicas de publicidad: las *cuñas,* anuncios intercalados entre los programas; los *programas patrocinados* y los *anuncios por palabras.* Tanto los programas patrocinados como los anuncios por palabras suelen realizarse en la emisora, no así las cuñas, preparadas generalmente por publicitarios, razón por la que se centra en ellas el comentario que sigue.

Una cuña presenta varias similitudes con un *spot* de televisión: ambos constituyen mensajes publicitarios, su duración no suele rebasar los sesenta segundos, una y otro se emiten intercalados en programas o entre dos sucesivos, y la eficacia de ambos aumenta cuando se emiten en momentos especialmente escogidos.

La elaboración de una cuña publicitaria requiere un proceso algo menos laborioso técnicamente que el de un *spot,* pero no menos complejo, con la dificultad adicional de que en la radio no se cuenta con la fuerza de la imagen, lo que exige potenciar y realzar las llamadas «imágenes sonoras». En líneas generales, el proceso de elaboración de una cuña sigue estos pasos:

- **Guión y aprobación.** En él se especifican los diálogos, efectos especiales, músicas. Al igual que en TV, el cliente debe aprobar los bocetos antes de pasar a producción.
- **Preproducción.** Mediante reuniones entre la agencia y la sala de grabación, se deciden los efectos especiales y cómo conseguirlos, los locutores más adecuados, la música, que puede ser de archivo o compuesta para el caso.
- **Grabación.** Suele hacerse en varias bandas. Cada banda registra una grabación distinta, para después mezclarlas todas. Así, efectos, música y las palabras de los locutores se graban por separado, lo que permite después aumentar o disminuir selectiva y diferencialmente el volumen de una u otra banda y con él, el protagonismo de alguno de los elementos sonoros.
- **Primera copia y copias definitivas.** La primera copia sirve para que el cliente escuche la cuña tal como saldría a través de las ondas, y dé su visto bueno. Producido éste, se procede a realizar las correcciones señaladas y después las copias necesarias según el número de emisoras en las que vaya a retransmitirse.

Sobre este esquema base, una cuña puede variar de una simple voz que dice el mensaje, pura y llanamente, a auténticas superproducciones radiofónicas. En ocasiones, utilizar uno u otro método no es solo cuestión del presupuesto disponible para la realización de la cuña. Es más, recurrir exclusivamente a una voz sin más acompañamiento, puede hasta resultar aconsejable. Un caso frecuente es el de voces populares –especialmente locutores de «musicales»– que intercalan las cuñas entre los comentarios que hacen, con lo que se difuminan las fronteras entre información y publicidad, reforzándose la eficacia de la cuña.

Por tradición, refiriéndonos siempre a las seis últimas décadas, la publicidad en radio era la más importante, y ello hasta la difusión masiva de los receptores de TV, que provocó un trasvase muy notable a este medio. En los últimos años, no obstante, se observa el resurgir de la radio como tal y como medio publicitario, lo que está conduciendo a que muchos anunciantes lo elijan como núcleo básico de sus campañas y, en otros casos, como complemento de su publicidad por TV. En este cambio ha influido, sin duda, además, el encarecimiento de la publicidad en TV, efecto a su vez de las crecientes protestas sociales por la frecuencia y duración de los espacios de publicidad. Habitualmente se plantea la cuestión de cuál de estos medios es mejor de cara a la publicidad en general o a la de ciertos productos en particular. En este sentido, se suelen señalar como ventajas del medio-radio su mayor flexibilidad y rapidez. Rapidez, por cuanto una cuña puede grabarse en pocas horas y retransmitirse poco después. En cuanto a su flexibilidad, se recogen algunos ejemplos representativos.

Atención

TABACALERA anuncia la salida de su nueva labor, DUCADOS INTERNACIONAL. Elaborado en base a la tradicional calidad de DUCADOS: tabaco negro, cuidadosamente seleccionado, con bajo contenido en nicotina y alquitrán. Presentado con todo lujo de detalles. Paquete plano «Premiun» de doble estuche interior. Filtro exclusivo de triple canal y papel extra-fino de alta calidad.
Así es DUCADOS INTERNACIONAL.

Tabaco de mundo

Las cuñas deben ser expresivas para que el receptor «visualice» el producto.

Para el publicitario existen dos tipos de radio: para escuchar *y para* oír. *Esta última puede tener como finalidad hacer compañía. El oyente, en tales casos, «tiene la radio puesta». En otros, en cambio, no basta con que el oyente oiga el lenguaje radiofónico; es necesario que, además,* lo escuche.

Las fotografías recogen dos aspectos del mundo de la radio: tecnología y quehacer profesional.

- Se puede adaptar el lenguaje del anuncio al tono del programa. Así, un mensaje puede ser amable, vivo, dinámico, sugerente, humorístico, de acuerdo con el programa en que vaya a aparecer.
- La publicidad dirigida al ama de casa puede ser de marca en las horas matinales, que es cuando está trabajando en el hogar, y más sugerente en la tarde, cuando la actividad es relajada y su actitud más receptiva.
- La radio permite la utilización del *jingle* para introducir una marca o crear una imagen determinada.
- Los programas patrocinados pueden convertirse en auténticos publirreportajes, con entrevistas en directo y consejos prácticos relativos al uso del producto que se promociona.
- Los avances en la calidad de la producción permiten montar auténticos espectáculos radiofónicos, que ayudan a introducir al consumidor en el contenido de ciertos productos (libros, obras de teatro, cine).
- Artículos como el disco, encuentran en este medio el soporte ideal para darse a conocer, ya que se muestran en su definición más nítida; la radio reproduce exactamente el beneficio del producto, esto es: su música.

El tam–tam de la tribu

Marshall MacLuhan, el sociólogo canadiense autor de una teoria según la cual los sistemas de telecomunicación han convertido el mundo contemporáneo en una *Aldea Global,* llamó a la radio «el *tam–tam* de la tribu». Efectivamente, las caracteristicas técnicas de este medio hacen de él un poderoso instrumento de comunicación, que, si con la llegada de la TV parecia destinado a una labor complementaria, desde hace algunos años ha sabido reencontrar sus posibilidades, y ello por sus peculiaridades: la instantaneidad con que hace llegar sus mensajes al receptor y el establecer con éste una relación casi personal.

Estas ventajas de la radio no permiten definirse sobre qué medio sea mejor en materia de publicidad. Como en casi todo, la conclusión tiene que ser relativa: dependerá del producto, del presupuesto, de la audiencia, del uso más o menos frecuente del artículo anunciado y de otros muchos condicionantes.

20/La publicidad gráfica: prensa, revistas y exterior

La publicidad en prensa tiene muchas modalidades, de acuerdo con el tamaño de los anuncios; tamaños que, a su vez, dependen de la flexibilidad de cada periódico en concreto. Por lo general, un anuncio puede ser de doble página, página entera, media página, y así hasta llegar al reclamo y finalmente el anuncio por palabras. Lógicamente, el coste es mayor en función del mayor tamaño del anuncio. Pero también influyen en el coste, aumentándolo, los lugares privilegiados, cierta colocación especialmente solicitada, e incluso el exigir que el anuncio aparezca en una fecha concreta. Por las características del medio, es normal que en prensa convivan grandes campañas nacionales junto a pequeños anuncios de carácter local. Esto está obligando a que los periódicos que más cuidan su producto final, tiendan a agrupar por temas los reclamos, ofreciendo así una información publicitaria más coherente, y mejorando, de paso, la eficacia de la misma.

Entre las ventajas indudables de la publicidad en prensa, destacan:

- Su carácter de financiadora del medio, reduciendo el coste hasta hacerlo asequible al consumidor. Por contra, ese carácter financiador puede operar, como ya se ha visto, introduciendo un elemento de control frente a la deseada independencia informativa.
- Permite dirigirse a un público previamente segmentado por el tipo de periódico en el que se inserta el anuncio. A cada periódico corresponde un perfil de lector-tipo distinto.

Frente a la prensa diaria, las revistas ofrecen la ventaja del color y una impresión notablemente mejor, aunque resulta difícil generalizar si tenemos en cuenta las grandes diferencias que hay entre unas y otras. En cuanto a los tamaños de los anuncios es evidente que la flexibilidad es menor que en prensa, siendo el más frecuente el de página completa.

Es esa mejor calidad de reproducción, junto a la posibilidad de la imagen en color, la que ha orientado hacia las revistas gran parte de las campañas de venta por imagen (productos de belleza, bebidas, tabacos) en las que la publicidad no busca ventas de choque, sino que, más bien, trata

En la publicidad exterior y de revistas se envía a la agencia una prueba del anuncio antes de imprimirlo. Sobre ella, el director de arte realiza las correcciones necesarias.

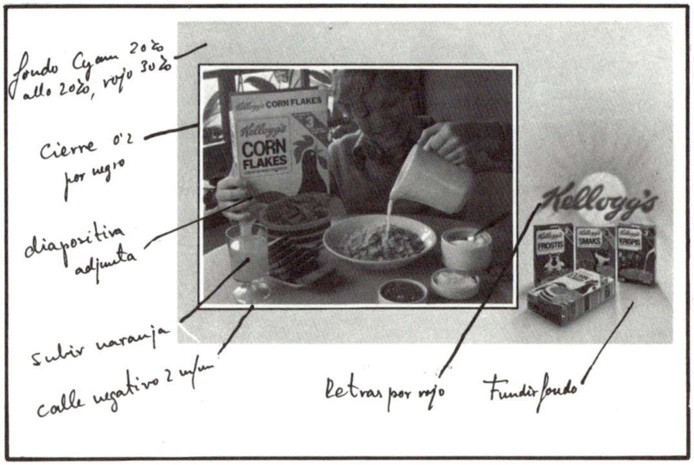

Los anuncios en vallas, cambiados con una cierta periodicidad, establecen una especie de diálogo con el viandante, de eficacia enorme, aunque lenta. No obstante, su invasión es tal, que deben adoptar medidas para evitar la ruptura del paisaje natural o urbano.

de implantar una presencia continua de la marca en la vida del consumidor.

Hay otro fenómeno típico de este medio, que son las llamadas revistas especializadas. En realidad, hay revistas especializadas en todo (náutica, cocina, golf, aeromodelismo) y para todos (deportistas, libreros, médicos). Estas revistas suelen financiarse con la publicidad en proporciones mucho más altas que las revistas de información general, llegando a darse el caso de que algunas se envían gratuitamente al consumidor.

El caso contrario es el de las revistas especializadas en anuncios de productos de segunda mano. Estas revistas, que solo incluyen publicidad, no cobran nada por la misma, procediendo sus ingresos exclusivamente de la venta de cada ejemplar. Este fenómeno es reciente, aunque conecta con los primeros *diarios de avisos* que dieron origen a toda la industria publicitaria.

Además de estos medios, la publicidad gráfica admite otras muchas modalidades, desde las vallas convencionales, hasta los anuncios luminosos, pasando por los relojes, campos de fútbol, marquesinas, aparcamientos, autobuses y otros. En cuanto a las vallas, que se suelen contratar para meses completos, aparecen sobre todo en núcleos urbanos, zonas turísticas y carreteras. Probablemente la diferencia más significativa de este medio respecto a los demás es que se trata de un soporte destinado solo a publicidad, en tanto que los demás insertan los anuncios entre sus informaciones, emisiones o programas. La valla, por sus características, suele ser un medio de apoyo local para campañas que utilizan básicamente TV o revistas.

En cuanto al proceso de realización de los anuncios para estos medios, en general, y salvo casos especiales, son éstos los pasos que se suelen seguir:

- *Redacción del texto,* estructurado en tres bloques: titular, cuerpo del texto y pie o cierre del mismo.
- Por *boceto* se entiende el primer diseño del anuncio. Suele realizarse una primera aproximación en la que se aprecie el *lay-out* –distribución y tamaño de los diversos componentes, la tipografía o tipo de letra seleccionado y las ilustraciones.
- Tras aprobar texto y boceto, se procede a realizar lo que se llama el *arte final:* componer los textos, seleccionar las fotografías o dibujos y montar todo el conjunto. En el caso de publicidad exterior y revistas, se envía a la agencia una prueba del anuncio antes de imprimirlo. Sobre la prueba, el director de arte realiza las correcciones necesarias.

Por supuesto que éste es un análisis muy somero y que alguno de estos pasos –por ejemplo, la realización de fotografías– podría subdividirse en varios apartados más, con arreglo a la complejidad de su realización (traslados, modelos, *atrezzo**, efectos especiales, trucajes).

En cuanto a otros medios publicitarios, los hemos pasado por alto por diversas razones. En unos casos, por la semejanza de la técnica de realización con algunos ya analizados (cine con TV); en otros, por la ausencia de datos, o finalmente, por lo esporádico y atípico de su utilización (avionetas, globos). En cualquier caso, pensamos que esta visión, aun global y sintética, aproxima al lector al mundo de los vehículos que la publicidad utiliza para hacer llegar sus mensajes hasta los consumidores.

*

Atrezzo: término italiano que designa el conjunto de utensilios necesarios para la escena.

21/Cuando nos convertimos en personas-anuncio

La forma más inmediata de identificar un mensaje publicitario en cuanto tal, es el soporte donde éste se presenta. Así, un anuncio en prensa siempre será reconocido como lo que es, incluso en el caso de los llamados publirreportajes, aunque solo sea porque en estos últimos resulta obligatorio insertar la palabra «publicidad» en la parte superior del texto. Más fácil resulta aún en las vallas o en la televisión, por poner otros ejemplos. Sin embargo, hay muchas formas de publicidad –algunas muy sutiles– que se escapan por otros caminos. Reseñamos algunas:

● *Publicidad encubierta.* Una película que tuvo mucha aceptación fue *Close Encounters of the Third Kind* («Encuentros en la tercera fase»). Casualidad o no, en diversas secuencias de ese filme aparecen casi todos los modelos de cámaras Kodak; y, en algunos casos, como el modelo Instant, casi con el mismo tratamiento que un *spot.* Sin afirmar que se trata de un ejemplo de publicidad encubierta, lo que sí está fuera de duda es que en muchas películas se utilizan –y se cobra por ello– determinados productos como objetos de uso del ídolo, la estrella, el protagonista. Y, por supuesto, no hace falta extenderse en absoluto sobre la eficacia de este sistema. Lo mismo sucede en televisión: a veces la cámara se detiene en una determinada valla en un campo deportivo o sorprende a un presentador fumando una determinada marca de cigarrillos... Y al igual que en el caso anterior, resulta difícil saber cuándo es el azar, y cuándo el dinero, el determinante de esa publicidad indirecta.

● *Los deportistas-anuncio.* No es ningún secreto que tenistas de primera fila cobran por usar cierta marca de raqueta, determinadas zapatillas, rótulos en la camiseta y ¡hasta determinada cinta para el pelo! Otro tanto sucede con los pilotos de competición y su automóvil, o con los ciclistas. Esta práctica puede llegar hasta la astucia. Un ejemplo: es un hecho

La publicidad explota frecuentemente la influencia social de esos «héroes de nuestro tiempo» que son los deportistas y todo el ambiente espectacular que les rodea. Las competiciones automovilísticas apenas dejan superficies libres de anuncios.

Los campeones deportivos refuerzan los contenidos publicitarios de sus indumentarias cuando anuncian artículos relacionados con un deporte en el que son «autoridad».

conocido que en algunos países está prohibido hacer publicidad de alcohol o tabaco; sin embargo, en un *Grand Prix,* millares de espectadores y millones de televidentes reciben imágenes de marcas de esos productos pintadas en algunos vehículos de los que intervienen en la carrera.

• *Soportes atípicos.* La publicidad se vale de otros muchos soportes y oportunidades que, en principio y por definición, no son propiamente publicitarios. Este campo es todo un mundo nuevo en el que la imaginación persigue rizar el rizo; tal es el caso, por ejemplo, de las camisetas-anuncio. Lo original de este método no está en anunciar sobre camisetas, sino en conseguir que la gente pague por comprar una que anuncia un club o una bebida; y que, además, al ponérsela, se preste a hacer de persona-anuncio gratuitamente. Hay otros casos menos llamativos, pero no menos eficaces: desde las fundas de los billetes de avión en las que se anuncia un servicio de alquiler de coches, hasta las cajas de cerillas que anuncian un tabaco, pasando por las bolsas de plástico de la compra, los flotadores y los balones de playa. En general, la mayor o menor eficacia de estos vehículos atípicos reside en lo acertado de la relación entre el producto y el soporte. Sin duda, un buen ejemplo de una atinada relación es el mencionado de alquiler de coches. En cualquier caso, el conocido efecto multiplicador de este tipo de publicidad, de tan bajo coste, está conduciendo a un uso cada vez más generalizado, lo que anima a la búsqueda de nuevas y más sorprendentes fórmulas que permitan destacar entre el tumulto de incontables mensajes.

• *Publicidad directa.* En algunos sectores (bancos, editoriales, centros de estudio) es usual la promoción de productos o servicios mediante una carta remitida al posible cliente. Este tipo de publicidad, además de ser menos costosa, tiene la ventaja de ser recibida por el receptor como algo personal. Estudios realizados en este terreno demuestran que la publicidad personalizada alcanza un índice de lectura mayor que el de la anónima, pero también que el público la suele considerar de menos categoría que la que recibe a través de periódicos, revistas y otras publicaciones.

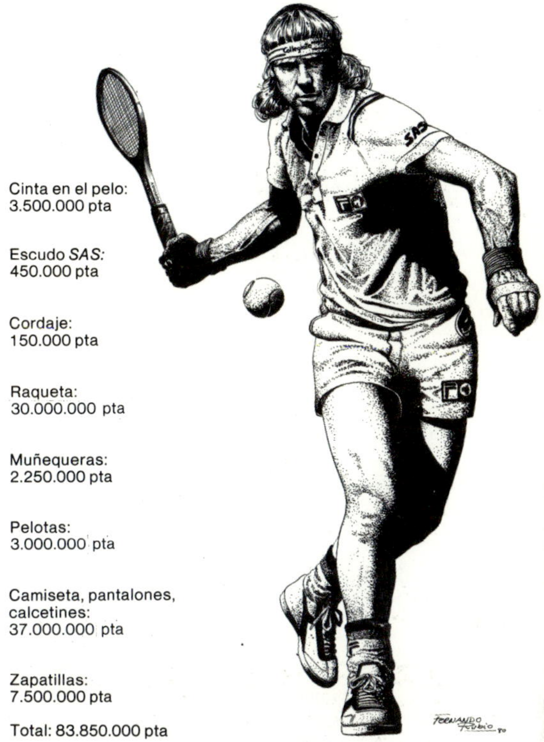

• *Publicidad en el producto.* Muchos productos llevan publicidad sobre sí mismos, bien para anunciar una promoción, bien para apoyar un complemento u otro producto del mismo fabricante. En muchas ocasiones, especialmente en el caso de los complementos, ésta es una publicidad enormemente eficaz y económica; sobre todo, si tenemos en cuenta que es el propio consumidor quien, al comprar el producto, paga, sin contraprestación alguna, esa publicidad. «Si compra y usa solamente el jabón X, adelgazará tres; si tras el baño se frota la piel con la crema X, el efecto será nueve».

22/Agencias grandes, agencias pequeñas

Hasta aquí hemos visto cómo se trabaja en una agencia y de qué medios y soportes se vale la publicidad. Conviene considerar ahora dos interrogantes: ¿Trabajan igual todas las agencias? ¿Qué las diferencia?

En principio podemos adelantar que hay muchos tipos de agencia. Y también muchas posibles formas de dividirlas y encuadrarlas: por su facturación, por su denominación legal, por su tipo de clientes, por su origen, por su imagen. Nosotros vamos a hacer una diferenciación atendiendo al ámbito en que operan y a la especialización en los servicios que ofrecen.

Desde esa perspectiva, podemos establecer tres tipos de agencias: la multinacional, la nacional y la *boutique* creativa.

La *agencia multinacional* es aquella que se ha establecido en diversos países y da servicio a las empresas llamadas, como ella, multinacionales. Probablemente, un ejemplo significativo sea el de la agencia J. Walter Thompson, fundada en 1846, que en la actualidad emplea a seis mil profesionales repartidos en más de cincuenta países. Las agencias multinacionales suelen tener su origen y sede central en los países más desarrollados (principalmente EE. UU.) y sus clientes fundamentales provienen de empresas multinacionales que también tienen su sede central o una delegación importante en ese país. En definitiva, lo que estas agencias ofrecen es un macroservicio más allá de cualquier frontera, abriendo nuevas oficinas en cada lugar en el que sus clientes multinacionales se afincan. Este tipo de agencia, altamente tecnificada, funciona más científica que intuitivamente. Su dimensión exige un trabajo metódico y sistemático, que si bien dificulta la flexibilidad requerida por cierto tipo de cuentas, en cambio ofrece la seguridad de que la campaña será siempre profesionalmente buena.

La *agencia nacional* suele ser una copia, a escala reducida, de las multinacionales en cuanto a organización y tipos de servicios, si bien su actuación se reduce a los límites del país en que trabaja. Se trata de agencias generalmente vinculadas a grupos económicos nacionales, creadas en muchos casos para atender las necesidades publicitarias de las empresas de dichos grupos, y, si su dimensión lo permite, a otros clientes.

Se denomina *«boutique» creativa* a ese nuevo tipo de agencia que pone el acento en la creatividad, hasta el punto de que, en ocasiones, su estructura carece de otros departamentos. Son agencias creadas por iniciativa de unos profesionales, generalmente formados en las grandes, y casi siempre elementos muy destacados de las mismas, que intentan una tercera vía independiente frente a las otras dos modalidades. Su fuerza radica, precisamente, en la creatividad y flexibilidad, única forma de competir con las grandes agencias, sobradas de recursos técnicos y humanos.

DOS PUNTOS
MMLB
CONTRAPUNTO
YOUNG & RUBICAM Publicidad con filo
TIEMPO/BBDO Compañía Anónima de Publicidad
Clarín

TBWA
Leo Burnett, S.A. Publicidad
Ted Bates España S. A. de Publicidad
COMPAS NEEDHAM, S.A.
ecovigo PUBLICIDAD
GAMMA

«Los creativos iniciarán sus propios pequeños estudios de publicidad, lo que producirá no una evolución, sino una revolución. Estarán más cerca de los hechos, y estas pequeñas agencias afectarán a la dirección de la publicidad mucho más de lo que su tamaño parece indicar. La era de la agencia íntima apenas ha empezado.»

HARRY PEGIN

Sólida, fuerte, eficaz, agresiva, brillante, creativa, sensacional... Las agencias de publicidad no tienen el más mínimo pudor a la hora de autoadjetivarse. Como tampoco lo tienen cuando se trata de deteriorar a la competencia: con problemas, débiles, sin identidad, aburridos, lentos. No es de extrañar. Ellas saben, mejor que nadie, que una buena imagen vale más que mil clientes.

Las principales agencias del mundo

AGENCIA	PRINCIPALES CLIENTES	COMO SE VEN ELLAS MISMAS	COMO LAS VE LA COMPETENCIA
1 J. WALTER THOMPSON	Burger King, Ford Motor, Kodak, Kraft, Unilever	Sólidos y fuertes en todas partes. Produce publicidad eficaz. Estamos en un renacimiento.	Una gran masa gris. Trabajo invisible. No son los líderes que fueron. Con problemas de dirección.
2 McCANN-ERICKSON WORLDWIDE	Coca-Cola, Exxon, General Motors, Miller Brewing, Nestlé	Un gigante que despierta y gana proporciones. Posición única en el mundo.	Dominado por Coca-Cola, Exxon y Miller. Más creativos de lo que se cree. Débiles en productos envasados.
3 YOUNG & RUBICAM	Ford Motor, General Foods, Johnson & Johnson, Proter & Gamble, Time Inc.	Agresivos. Creativos. Lo mejor en persuasión total comercial en el mundo. Se beneficia merced a su planificación.	La mejor y más caliente agencia. Destellos de trabajo brillante. Creció demasiado deprisa. Pone demasiado énfasis en nuevos negocios.
4 OGILVY' & MATHER	American Express, General Foods, Sears Roebuck, Sheil Oil, Unilever	Combinamos brillantez creativa con disciplina de marketing. Un buen sitio para trabajar.	Aspecto de clase. Todo el mundo viste correctamente. Imagen deteriorada recientemente. Producto final descendiente.
5 TED BATES	Brown & Williamson Tobaco, Colgate-Palmolive, ITT Continental Baking, Mars, Warner-Lambert	Agencia muy subestimada. Profesional y mentalizada con sus cuentas. Creamos publicidad que pretende vender.	Agencia de productos envasados. Dirigida por un tipo fuerte. Creativos de segunda clase. Comprando cosas como sin quererlo.
6 BBDO	Delta Air Lines, General Electric, PepsiCo, R. J. Reynolds, William Wrigley	Cambiando con una nueva y fuerte dirección. No tan creativos como debiéramos ser. Fuertes en televisión, debilitándonos en prensa.	Agencia mejor que la media. Muy rentable. Sin identidad. No atrae bastante a los nuevos clientes.
7 LEO BURNETT	Kellog, Nestlé, Philip Morris, Procter & Gamble, United Airlines	Relajada. Muy unida con sus clientes. Demasiado autocritica. Sacudida por la pérdida de algunos clientes.	Agencia de tierra adentro. Perdió su brillo desde la muerte de Leo Burnett. Problemas de dirección. Constituida solo en Chicago.
8 SSC & B/LINTAS	Johnson & Johnson, Noxell Rowtree Mackintosh, Stering Drug, Unilever	Sensacional. Los profesionales de entre los profesionales. Se nos ve poco porque estamos volcados sobre los negocios de nuestros clientes.	Agencia bien disciplinada y muy metida en productos envasados. Grande y aburrida. Sin personalidad. Menos mal que se vende a Interpublic.
9 FOOTE, CONE & BELDING	La compañia no da información	Conservadora. Disciplinada. Tardó en hacerse internacional, pero está recuperando el tiempo perdido. Una excelente creatividad.	Lentos pero competentes. Trabajan de 9 a 5. Dirigida como tres feudos en Nueva York, Chicago y Los Angeles.

23/Grandes creativos: Reeves, Gribbins, Burnett y Hopkins

Resulta curioso comprobar, cómo, en la mayoría de los casos, las más importantes agencias de publicidad del mundo nacieron en su día como consecuencia de la iniciativa y el talento de un solo hombre. Por ello es interesante conocer, aunque sea muy someramente, el ideario de esa media docena de hombres que, procedentes de otros campos, cimentaron el gran imperio publicitario de la *Madison Avenue* de Nueva York: un imperio en el que trabajan sesenta mil personas, dedicadas exclusivamente a producir ideas –todo tipo de ideas– para conseguir que los productos que promocionan pasen a formar parte de nuestros hábitos de consumo e incluso lleguen a ser elementos insustituibles para la satisfacción de necesidades inducidas o despertadas a través de la publicidad, el cine y otros medios de comunicación social.

Rosser Reeves, iniciador de la agencia *Ted Bates,* considera la publicidad como el arte de introducir un mensaje en los cerebros de muchas personas al menor costo posible. En su opinión, que el mensaje venda o no venda, y, sobre todo, que realizada la compra ésta se convierta en hábito, depende no tanto de hacer el anuncio interesante, como de hacer interesante el producto. Un libro suyo, *La realidad en publicidad,* es uno de los *best-sellers* en este campo. Sin embargo, lo que identifica principalmente a Reeves es su teoría (1961) del USP *(Unique Sales Proposition)*, según la cual, el receptor de un anuncio tiende a recordar una *única proposición de venta.* De ahí que haya que buscar para cada producto una ventaja que nadie pueda ofrecer y que, además, sea cierta.

Anuncio de la agencia Ted Bates: *hacer interesante el producto.*

George Gribbins ha sido considerado como el cerebro de la agencia *Young and Rubicam,* tercera entre las más importantes del mundo. Periodista, llegó a la publicidad de modo accidental; sin embargo, hoy es uno de sus grandes nombres. Se caracteriza por no trabajar con fórmulas y reglas; si acaso, como él mismo dice, solo con algunas costumbres: conocer muchas cosas sobre el producto, y muchas más acerca de la clase de gente a quien va dirigido, así como los motivos que inducen a las personas a comprarlo. Y a partir de ahí, dejar volar la imaginación.

Leo Burnett fundó la que hoy es la séptima agencia mundial, que lleva su nombre. Entre sus campañas más famosas están la de *Green Giant* y *El Mundo de Marlboro.* De sus opiniones en el campo de la creación destacan las siguientes: a) Todo creativo tiene que enfrentarse con el problema que implica su ajuste emocional a los hechos de la vida publicitaria. Su habilidad para resolverlo es lo que diferencia al campeón del *amateur* frustrado. b) Al autor de un texto aburrido o de un anuncio pesado no le exculpa el aducir que el cliente lo quiere así. c) A muchos redactores les falta osadía inteligente. Después de acopiar todos los datos posibles sobre un producto, y tras filtrar y seleccionar esta información, un buen redactor debe avanzar con una mezcla de razón y corazón, pero sin apartarse de la realidad.

Claude Hopkins, autor de *Publicidad científica,* fue uno de los primeros redactores que se planteó la necesidad de estudiar a fondo el pro-

Anuncio de Leo Burnett: una mezcla de razón y corazonada, para difundir un modelo de vida, el norteamericano.

Los principios creativos de Leo Burnett.

1. A la gente le gustan los productos.
2. La publicidad le interesa a la gente.
3. Cada producto es único.
4. Busca la idea de venta principal.
5. Conoce a fondo el producto.
6. Date cuenta del clima social.
7. Ten buen gusto.
8. No seas vanguardista.
9. No sigas un estilo.
10. No seas oportunista, ten razón.
11. Sé tu crítico más duro.
12. Gánate cada día la confianza del cliente.

Qué duda cabe que con estos principios creativos puede realizarse un buen anuncio. Sin embargo, para el éxito no hay fórmulas.

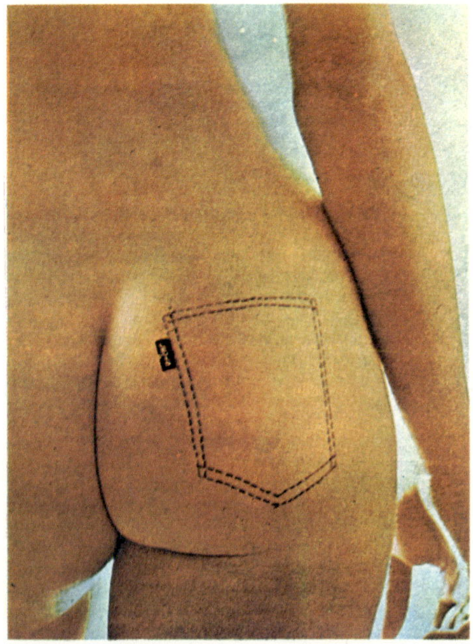

Cartel de Young and Rubicam. *La idea parte de un conocimiento perfecto del producto, llegando a convertir el mensaje en pura forma.*

«En sesenta segundos, una segunda emoción». *La metodología publicitaria de Hopking suele explotar al máximo la ventaja diferencial del producto; en este caso, una cámara fotográfica que permite obtener fotos al instante.*

ducto antes de redactar un anuncio. Un buen ejemplo en que aplicó sus ideas, fue la campaña que se le encomendó para promocionar la cerveza *Schlitz.* Visitando las instalaciones donde se fabrica, descubrió que se limpiaban las botellas a vapor, aspecto que desconocía y que tomó como base de toda la campaña, argumentando que de esa forma se evitaba que la cerveza fermentase. El cliente le advirtió que todas las cerveceras hacían lo mismo, a lo cual Hopkins respondió: «Sí, pero nosotros lo diremos antes.» En efecto, utilizar argumentos que también podría hacer suyos la competencia, pero no ha utilizado, se ha generalizado en publicidad; si bien es cierto que siempre es mejor tratar de descubrir algún elemento, por pequeño que sea, que la competencia no pueda utilizar, generando un proceso de identificación.

24/Grandes creativos: Ogilvy y Bernbach

David Ogilvy, escocés de origen, es el autor de *Confesiones de un publicitario,* uno de los libros más famosos en el campo de la publicidad. En esta obra Ogilvy establece once puntos, que él llama recetas, para hacer una buena campaña de publicidad. Por su interés, los recogemos de forma muy resumida:

● *Lo que se dice es más importante que todo lo demás.* Sobre este punto, Ogilvy bromea al comentar que dejará de creer en esta receta el día en que encuentre un ama de casa que le diga a otra: «Querida, hubiera comprado esta marca de jabón, pero no lo hice porque el anuncio está compuesto con un tipo de letra que no me gusta».

● *Al menos que la campaña se base en una gran idea, no hay duda que se vendrá abajo.*

● *Más hechos reales y menos adjetivos.* El consumidor no es un retrasado mental, y constituirá un insulto a su inteligencia suponer que un eslogan y unas cuantas superficialidades adornadas con adjetivos le inducirán a comprar un producto.

● *No se puede cansar al posible consumidor bombardeándolo con mensajes.* La mujer media no se detiene normalmente en más de cuatro anuncios de cualquiera de las revistas que lee habitualmente.

● *Hay que tener buena educación y no hacer el payaso.*

● *Debe hacerse una publicidad contemporánea.* Por ello Ogilvy recomienda para ciertas campañas redactores jóvenes, que, por ejemplo, sean capaces de dirigirse a una pareja joven desde su misma mentalidad.

● *Los comités pueden criticar los anuncios, pero no redactarlos.* Redactar un texto es una labor individual, y a puerta cerrada. Ogilvy comenta que su mejor anuncio pasó por diecisiete borradores.

● *Si se tiene la suerte de acertar con un buen anuncio, hay que repetirlo hasta que deje de interesar.* Hay anuncios muy bien realizados que dejaron de publicarse bastante antes de haber perdido su eficacia, sencillamente porque los anunciantes se cansaron de verlos.

● *No hay que redactar nunca un anuncio que nos desagradaría que leyese nuestra propia familia.* A este respecto Ogilvy dice lo siguiente: «Ustedes no se atreverán a decir mentiras a su propia esposa; no se las digan a la mía, por favor».

● *La imagen y la marca.* Cada anuncio debe ser estudiado como una contribución a un símbolo tan complejo como la imagen de marca*. Esta idea dio lugar a toda una escuela publicitaria: la de «imagen de marca».

● *Nada de plagios.* Nadie ha forjado jamás una marca imitando la publicidad de otra.

Estos y otros principios permitieron a la *Ogilvy-Benson and Mather* convertirse en la cuarta agencia del mundo en apenas quince años, lo que constituye uno de los éxitos de la historia de la publicidad.

Para **Bill Bernbach,** que representa de algún modo el polo opuesto de Ogilvy, no hay reglas, solo creatividad. Su agencia, la *Doyle-Danne and Bernbach,* parte del dato ya comentado de que el 85% de los anuncios no son realmente

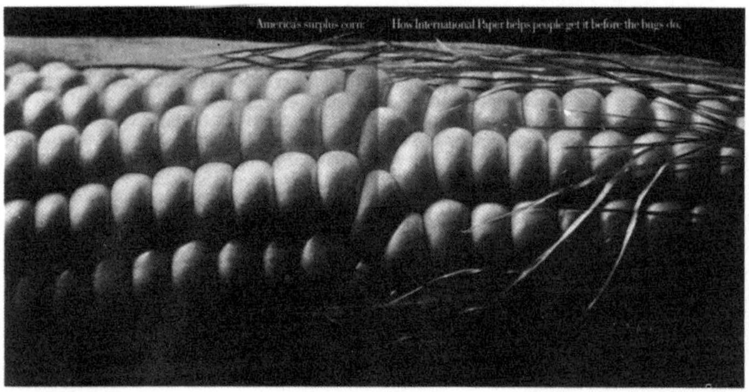

Anuncios de David Ogilvy para promocionar una industria papelera. La serie completa consta de seis fotografías que explican desde el uso de los árboles, no solo como soporte de los nidos, sino como fuente de celulosa, hasta la utilidad de una envoltura de papel-plástico para proteger mazorcas. En este caso, se trata de una «campaña de imagen», pues una industria papelera no vende, en principio, al gran público.

La imagen de marca, cuando se lanza internacionalmente, sirve para identificar, en cualquier lugar del mundo, el producto o el nombre de la empresa a que corresponde: el ovillo de lana o la concha marina evocan, allí donde aparecen, la «pura lana virgen» y la compañía petrolífera Shell.

vistos y menos aún recordados. Por ello no queda más remedio que intentar destacar: el consumidor intenta defenderse pasando por alto la publicidad; frente a tal hecho, solo cabe ser original, tener ideas frescas y hacer anuncios que caigan dentro del 15% que la gente mira y recuerda.

Pero la originalidad tiene un peligro: puede ocurrir que el receptor capte el chiste, la sorpresa o el espectáculo a través del que se le presenta el producto, pero no la esencia misma de lo que se le comunica, es decir, la razón por la que debe utilizar ese producto. Frente a este peligro, que, de materializarse, anularía la eficacia del anuncio, Bernbach insiste en que el publicitario debe ligar la propuesta de compra al recurso creativo, utilizado de tal forma que el impacto que éste pueda causar en el receptor –por ejemplo, la sorpresa ante una cabeza de mujer completamente rasurada– sea precisamente el principal argumento de venta del producto: en este caso una maquinilla de afeitar que *apura más.*

Por otra parte, Bernbach reconoce que la agencia jamás podrá saber tanto como el anunciante sobre su producto, del mismo modo que el cliente nunca entenderá tanto de publicidad como la agencia. En consecuencia, hay que buscar el punto de equilibrio entre los conocimientos del cliente y las ideas de la agencia que permita esperar los mejores resultados; equilibrio en el que Bernbach exige libertad. Porque, un anunciante puede aprobar o rechazar una campaña, pero no debería inmiscuirse, por ejemplo, en el lugar de colocación de un logotipo* o en la redacción de un titular. Lo cierto es que se acepte o no esta teoría de la creatividad por la creatividad, llevada a la práctica ha colocado a su agencia en el puesto duodécimo del *ranking* mundial.

Anuncio de Bernbach para promocionar unas nuevas lámparas: son tan buenas, que las anteriores pueden romperse y barrerse.

La diferencia interesante

Burton R. Durkee desarrolló la teoría de la «diferencia interesante», lo que supuso un avance respecto a Hopkins. En este sentido considera que si el producto realmente no presenta esa diferencia, hay que creársela, hay que dotarlo de «personalidad».

*

Imagen de marca: toda empresa, o producto, es vista por quienes la conocen o consumen de una determinada forma; la idea dominante o la que la propia empresa promociona, constituye su imagen de marca.

Logotipo: signo identificador de una marca. Puede estar constituido por palabras o cualquier otro signo gráfico o símbolo.

25/Publicidad y política. De la propaganda fascista al *Cómo se vende un presidente*

«Toda acción de propaganda tiene que ser necesariamente popular y adaptar su nivel intelectual a la capacidad receptiva del más limitado de aquellos a los cuales está destinada. De ahí que su complejidad intelectual deberá regularse tanto más hacia abajo, cuanto más grande sea el conjunto de la masa humana que ha de abarcarse (...). La capacidad receptiva de la gran masa es sumamente limitada y no menos pequeña su facultad de comprensión; en cambio, es enorme su falta de memoria. Teniendo en cuenta estos antecedentes, toda propaganda eficaz debe concretarse solo a muy pocos puntos y saberlos explotar como apotegmas hasta que el último hijo del pueblo se forme una idea de aquello que se persigue.»

Estas palabras, que probablemente firmarían la mayoría de los publicitarios, fueron escritas por Adolfo Hitler en *Mein Kampf (Mi lucha),* y darían pie a la consigna repetida una y mil veces por Goebbels, su ministro de Propaganda: «Para convencer hay que afirmar, repetir y dar ejemplos.»

¿De dónde surge este planteamiento de la propaganda política? Atribuírselo al talento del dictador nazi sería, amén de una tontería, un error. Al llegar el nacionalsocialismo al poder (1933), la radio estaba ya lo suficientemente implantada como para arrebatarle el liderazgo a los anteriores medios de propaganda: el cartel y la octavilla. El nuevo medio –la radio– imponía un nuevo tratamiento. Ante el texto de una octavilla, el receptor tiene la posibilidad de leer y releer un concepto importante. Pero el texto de la radio no permite más que una lectura, por lo que conviene sea repetido una y otra vez al menos en sus puntos fundamentales. Por otra parte, la octavilla llega solo a quienes saben leer; la radio, en contraposición, amplía su poder a todos los ciudadanos, ampliación que se ve favorecida por sus posibilidades técnicas.

Es así como una vieja técnica persuasiva, el discurso, volvió por sus fueros a la historia, si bien en esta

Fotograma de To be or not to be *(«Ser o no ser»), comedia antifascista de Ernest Lubitsch (1924), que utiliza el ridículo con valor didáctico.*

ocasión desde una sola de sus manifestaciones: la arenga, el verbalismo vacío que conduce a la esterilidad mental; la repetición, como medio y como fin; las ideas reiteradas, para conseguir personas repetidas. He ahí los objetivos perseguidos. Cuando la

La propaganda siempre es efectiva

«Todos los que hayan vivido en un ambiente de fuerte propaganda y hayan estado sujetos a sus efectos (mientras procuraban no ser afectados), todos los que hayan visto a la propaganda en acción, coinciden en que es efectiva. Quienes lo niegan viven en países que aún son liberales y no están sujetos a la propaganda intensa. Actualmente, casi no hay alemanes, soviéticos o argelinos que discutan la eficacia de la propaganda.»

JACQUES ELLUL

Lo que puede la repetición

«Si un locutor se hubiera erguido en 1913 y hubiera gritado con toda su voz que todos los judíos padecen enfermedades venéreas y que lujuriosamente desean corromper a todas las esposas e hijas de los residentes de Hampstead, probablemente habría sido considerado como un loco. En 1938, como todos "saben" que esos ataques suceden, el locutor no habría sido considerado como loco, aunque no fuera cierta una sola palabra de lo que dijera.»

A. B. WHITE

El cine sirve, en muchas ocasiones, para exportar modelos de vida: el filme de Greta Garbo, Ninotcka, *disuadió a más personas de votar al Partido Comunista Italiano en 1928, que ningún otro medio.*

radio retransmitía uno de los discursos de Hitler ante las masas, no era el discurso en sí lo que contaba, sino el *¡Heil Hitler!* que desde millares de gargantas, en cualquier estadio, llegaba a millones de oídos tras los receptores.

Y tras la radio, el cine: un nuevo medio que aúna la imagen en movimiento y el sonido; una lamparilla casi mágica dispuesta a proyectar nuestras fantasías, nuestros sueños, nuestras quimeras. No es casualidad que el cine descubriera al héroe, al personaje individual que por sí mismo gana todos los días la guerra. Al ser un medio capacitado para transmitir emociones, el cine emociona; y entre sonrisas y lágrimas, el cine comienza a difundir un nuevo modelo de vida, el norteamericano. Es su época dorada. La propaganda política, aprovechándose de la eficacia del medio, sienta al espectador, que incluso paga por ello, en frecuentes sesiones, casi hipnóticas. Es con este medio con el que realmente se consigue elaborar una *amalgama* tal que

«¡No más Hiroshimas!»: un grito que va más allá de la propaganda política. (Cartel de Hijikata, en Los carteles. *Gustavo Gili, Barcelona).*

la mayoría de los espectadores serán incapaces de percibir que tras aquella romántica o dramática historia hay todo un trasfondo ideológico que los va despersonalizando. Y, así, el cine comienza a vender un nuevo líder: seguro, tierno-duro, culto, blanco, elegante, adulto y occidental.

Con la llegada de la televisión las cosas volvieron a cambiar, porque mientras el espectador de cine recibía una información total, con la televisión, por las limitaciones del medio –pantalla pequeña, imagen menos definida– el espectador debía completar esa información, debía participar. Y fue esa forma de participación la que acercó al personaje televisivo al televidente. Richard Nixon lo advirtió tarde, y perdió frente a John F. Kennedy (1960). Porque la televisión no vende héroes distantes y perfectos, sino al hombre en su aparente intimidad. El televidente, así, se identificó más con un Kennedy humano y sincero que se enjugaba el sudor ante las cámaras, que con un Nixon estático y omnipotente: era el triunfo del héroe igual que yo, del yo-héroe; Nixon lo comprendió tiempo después. Y no de forma intuitiva o casual, como demuestran estas palabras que forman parte de un informe secreto distribuido entre su plana mayor, y que Joe McGinnis introduce en su obra *Cómo «se vende» un presidente...*: «Unos acertados toques de este tipo, oportunamente intercalados, hubiesen alterado por completo el resultado de la campaña de Kennedy-Nixon. La televisión es un medio de comunicación que rechaza la personalidad acusada y favorece la presentación de procesos mejor que de productos.»

26/Un mercado más para la publicidad: ganar votos

Actualmente, se sabe que detrás de una campaña política hay expertos en publicidad; incluso, en ocasiones, agencias trabajando en pleno para un partido o para un candidato. La incorporación de los «persuasores ocultos» al estado mayor de los partidos políticos es un hecho, si bien se trata de un fenómeno reciente, que ha venido cuajando lentamente. Para comprobarlo, basta con echar una ojeada a los carteles de propaganda y seguir su evolución.

Los primeros carteles con finalidad comercial aparecieron en los albores del siglo XIX, experimentando un notable desarrollo a partir de 1870. Por estas fechas, se produce un fenómeno importante: el cartel se empieza a utilizar como medio de información y propaganda política. Fue con ocasión de la Primera Guerra Mundial (1914-1918) y, sobre todo, con la Revolución Soviética (1917 y ss.) cuando los Gobiernos y las fuerzas políticas apreciaron el poder del cartel de propaganda como arma incruenta, utilizándola masivamente.

Conviene destacar dos características en este proceso. La primera, que serán grandes artistas los realizadores de muchos carteles, tanto comerciales como políticos. Ejemplos notables fueron Toulouse-Lautrec en Francia y Ramón Casas y Renau en España. La segunda característica, que los carteles son utilizados indistintamente por todas las fuerzas políticas, tanto de derechas como de izquierdas.

Conviene resaltar que el área socialista y el mundo occidental tomaron caminos distintos en este campo, dando lugar no solo a estéticas diferentes, sino, lo que es más importante, a formas persuasivas muy alejadas entre sí. Aunque esta situación se ha mantenido, e incluso acentuado, en las décadas siguientes, también cabe señalar alguna excepción, como es Cuba, que a pesar de hallarse inserta en el campo ideológico y político socialista, cuenta, a la vez, con no poca influencia estética occidental, dadas sus seculares relaciones con Europa y su proximidad a los Estados Unidos de Norteamérica.

No puede afirmarse lo mismo de las fuerzas políticas de izquierda pertenecientes a Estados democráticos y liberales de Occidente. Pues aunque dichas fuerzas postulan y mantienen posiciones ideológicas enfrentadas al sistema económico capitalista –que incorpora por derecho propio el mecanismo publicitario– como grupos

«Si es Vd. un francés de verdad, no vote a ningún precio a los promotores de huelgas..., a los sin-patria, a los judios o a los franc-masones... Votad todos por los candidatos honestos...».

Cartel de Toulouse-Lautrec: «Embajadores». Grandes artistas han puesto su arte al servicio de la publicidad.

incardinados plenamente en la sociedad de la que forman parte, han de asumir el modo de comunicación propio y típico de dicha sociedad. Así, los carteles y los distintos medios, soportes y recursos que utilizan en sus campañas políticas no se diferencian de los utilizados por las restantes fuerzas sociales. Sus carteles están mucho más cerca de la comunicación publicitaria que de la propaganda y afán didáctico que caracterizan a los países del Este. Y no solo por el tratamiento estético, sino ante todo por el planteamiento desde el que se resuelve la comunicación. ¿Cómo es posible esto? Sencillamente, porque esos partidos saben que la publicidad comercial ha creado en el público una forma peculiar de recibir la comunicación, y que la mejor manera de llegar a dicho público es utilizando el código que entiende.

En cualquier caso, de cara al futuro, parece previsible que publicidad y propaganda se encontrarán cada vez más cerca. Y ello por la sencilla razón de que, en la medida que la primera se tecnifique y perfeccione, la segunda utilizará esa tecnificación y ese perfeccionamiento de cara a sus propios fines: la venta de un líder, de un partido o de una idea, en una confrontación cuyas armas serán los anuncios, y en que la victoria no se determinará por el resultado militar de la operación, sino por los votos obtenidos por unos y otros. Los anuncios son armas de la denominada «batalla electoral».

Por último, destacar el hecho siguiente: el papel asumido por los cartelistas en las primeras décadas de utilización del cartel político, pasa lentamente a ser desempeñado no por artistas individuales, sino por equipos multidisciplinares de expertos y especialistas (los «persuasores»).

Lo que no parece tan claro es que en el futuro sean las agencias las que sigan diseñando y realizando las campañas políticas. Porque si, por ejemplo, en 1968 Harry Treleaven –por entonces miembro del *staff* de *J. Walter Thompson*– asesoró a Nixon, mientras que *Doyle-Danne and Bernbach* aceptaba la «cuenta» de Lyndon B. Johsnon, lo cierto es que,

Los grupos políticos de izquierda han asumido el lenguaje publicitario. Con ello buscan, como los restantes grupos, votos, de los que dependerá su peso político en el Parlamento.

poco después, ambas agencias decidieron no participar en nuevas «ventas» de candidatos.

Parece más probable, en cambio, que los publicitarios decidan sobre su participación en lances electorales a título individual, movidos más por afinidades ideológicas que por ánimo de lucro. Porque, a la larga, ese ánimo de lucro puede resultar perjudicial si un escándalo político, como sucedió en el caso *Watergate*, salpica también a la agencia publicitaria que preparó la campaña.

27/Proceso a la publicidad: ¿inocente o culpable?

Como parte de la polémica en torno a los efectos sociales de los contenidos –nunca neutros– transmitidos por los medios de difusión, las posturas en relación con la publicidad oscilan entre dos extremos: el de aquellos que la consideran como elemento importante en las relaciones económicas, indispensable para lo que se considera progreso social, y el de quienes, por el contrario, ven en ella un instrumento de alienación social al servicio de los intereses económicos y políticos de los grupos socialmente privilegiados.

Los primeros estiman que la publicidad es un servicio público que informa y orienta al consumidor y sirve para democratizar el consumo, al hacer posible la utilización popular y masiva de una variada gama de productos, cuyo conocimiento y uso, de no mediar esa difusión masiva, quedarían reducidos a un círculo privilegiado de personas. Desde esta perspectiva, se argumenta que la publicidad no solo no encarece, sino que abarata los productos, ya que el incremento de ventas derivado de ella permite la producción en serie de grandes cantidades de un mismo objeto, con la consiguiente y beneficiosa reducción de costes.

Asimismo, los defensores de la publicidad suelen invocar una razón a la que ya nos hemos referido antes ←3: que es el soporte económico –el salvavidas– de muchos medios de comunicación. Y ello porque los costes de cualquier medio de comunicación son de tal nivel, que sus productos deberían venderse a un precio tan alto que, hoy por hoy, supondría una baja importantísima en sus compradores o usuarios. En este sentido, una de las soluciones halladas ha consistido en la inserción de publicidad, que si es abundante permite cubrir costes y obtener beneficios. En razón de esto –arguyen– la supresión de la publicidad conllevaría un freno a la popularización de la cultura, lo que supondría fomentar la persistencia de las desigualdades sociales. En este sentido, la publicidad sería, en el peor de los casos, un mal menor. Tanto más, cuando apenas existen soluciones de recambio, como no sea la subvención privada –con lo que implica de manipulación por el grupo de presión correspondiente– o estatal, con financiación, por consiguiente, detraída de los fondos públicos.

En algunos casos, la publicidad aprovecha los «buenos propósitos» del consumidor: ofrecer menos *puede ser más efectivo.*

En el otro extremo, las posturas críticas frente a la publicidad parten de demostrar la parcialidad o falsedad de los argumentos anteriormente señalados, así como de poner de manifiesto que los efectos más importantes que de ella se derivan son negativos para el individuo y para la sociedad en general. Frente a quienes hablan de «democratización del consumo», se afirma que la publicidad lo que realmente hace es perpetuar la insatisfacción y la desigualdad social, ya que crea necesidades más psicológicas y sociológicas que reales, y favorece la concentración de los recursos en manos de unos pocos, los grandes anunciantes, únicos que disponen de medios para conseguir el consumo masivo. También arguyen que más que productos, la publicidad difunde y vende símbolos, «instaura –en palabras de Braudillard– un culto al objeto, no por los servicios que éste pueda ofrecer, sino por la imagen de sí mismo que permite formarse al consumidor». En consecuencia, la función principal de la publicidad no sería tanto la de incrementar el consumo

La necesidad de realizar intercambios comerciales es obvia. Es preciso pues, que existan cauces de información: quién y qué ofrece, y quién y qué necesita. La publicidad cubre, precisamente, una función de relación entre unos y otros.

Son cada vez más las marcas comerciales que revenden sus «productos» en formas muy distintas del artículo-base. Los programas de TV con éxito popular, dan lugar a una proliferación de pegatinas, camisetas y un sinfín de subproductos.

Quien esté libre de pecado...

«¿Quién de nosotros puede decir que no ha tomado parte en la publicidad engañosa, que jamás ha permitido la publicación de mensajes que, de una manera u otra, estimulaban al consumidor a sacar conclusiones falsas acerca del producto?
¿Y quién de nosotros ignora el derecho del consumidor a ser bien informado, de modo diligente y claro –sin un montón de palabrería inútil– acerca de cómo le puede beneficiar un producto?»

H. LLOYD TAYLOR

como la de integrar al individuo en un determinado tipo de sociedad, encadenándole a una serie de objetos, de cuya posesión obtendría su propia autoestima, la valoración social y, en última instancia, el acceso a la felicidad, quizás porque, como dice Marcuse, «la gente se reconoce a sí misma en sus comodidades».

Por otra parte, contradiciendo a quienes afirman que la publicidad abarata los precios de los productos, se argumenta que la realidad demuestra lo contrario. Y es que un industrial que quiera aumentar su participación en el mercado puede preferir –y de hecho así ocurre muchas veces– incrementar sus gastos publicitarios en vez de rebajar los precios, con lo cual está ignorando los costes globales que tal decisión acarrea a la sociedad. En cuanto a la función financiadora, se resalta la inevitable dependencia que supone para los medios de comunicación, de tal forma que muy pocos de ellos serán los que se atrevan a denunciar, por ejemplo, la baja calidad o el daño físico –piénsese en tabaco y alcohol– de un producto, si quien lo vende les está proporcionando fuertes ingresos por anunciarlo.

Estas son algunas de las razones que existen a favor y en contra de la publicidad. Al margen de su mayor o menor consistencia, mientras no se avance en el estudio científico de los efectos sociales a corto, medio y largo plazo del fenómeno publicitario –y, dadas sus características, no es tarea fácil– la pregunta «¿inocente o culpable?» permanecerá abierta.

Necesidades del consumidor

«Es absurdo sostener que el sistema de la empresa privada esté destinado a satisfacer las necesidades del consumidor. Más bien es el consumidor el pasto del que se alimenta la empresa.»

JOAN ROBINSON

28/¿Qué pueden hacer los bombardeados consumidores?

La publicidad es eficaz; esto es así de simple. Para bien o para mal, cualesquiera que sean los intereses y la ética desde la que se aborde, lo cierto es que la publicidad es una técnica de comunicación y que, como tal, funciona. Negarlo sería negar la vida cotidiana, porque la publicidad forma ya parte de ella. En mayor o menor grado, resultaría difícil hallar personas –excepto en grupos marginados– que no reflejen en su consumo y en su comportamiento la influencia de la publicidad.

Pero, a decir verdad, no hay quien atribuya mayor poder a los publicitarios que sus propios críticos. En efecto, si bien el publicitario acepta que ha contribuido a generar demanda tanto de productos necesarios como de otros superfluos, y, también, a un cambio de las actitudes de los consumidores, rara vez se proclama a sí mismo tan eficaz como Galbraith, Eco o Packard dicen que es. Por otra parte, hay quien asegura que la publicidad solo convence a los ya convencidos y que, a lo sumo, ayuda a diferenciar entre productos –casi todos iguales– para satisfacer una misma necesidad e inclinar la balanza hacia uno u otro (reparto de cuotas de mercado). En cualquier caso, y sea cual sea el poder real, la eficacia, el respeto a los principios éticos generalmente aceptados y el grado de deformación o manipulación de la realidad por parte de los publicitarios, los mecanismos de control que de forma racional se ejercieran sobre la publicidad redundarían en beneficio del consumidor y de la actividad económico-publicitaria. Precisamente, la toma de conciencia del daño producido a la sociedad, a los publicitarios y a los anunciantes por los abusos producidos en este campo, llevó a la *Cámara de Comercio Internacional* a redactar el *Código de Prácticas Legales en Materia de Publicidad* (1949 y 1953), cuyos principales puntos recogemos aparte. A estos principios generales, el sociólogo A. de Miguel añadía otros: adecuar la política publicitaria a las normas más amplias de política económica; premiar las campañas publicitarias especialmente educativas; ser particularmente estrictos con las normas que regulan la publicidad cuando se utilicen medios estatales de difusión, y más aún si se trata de la televisión.

De todas formas, si se buscan las raíces del problema que estudiamos, y admitiendo que la publicidad transgrede con frecuencia las normas que regulan su ejercicio, y que merece buena parte de las críticas que se le dirigen, también lo es que no puede achacársele los males derivados de una determinada organización social. En este sentido, ha escrito M. Serrano: «La publicidad y el consumo son realidades que carecen de significado

El cerebro del espectador no es una masa de arcilla en la que las agresiones publicitarias se imprimen de forma automática e indeleble.

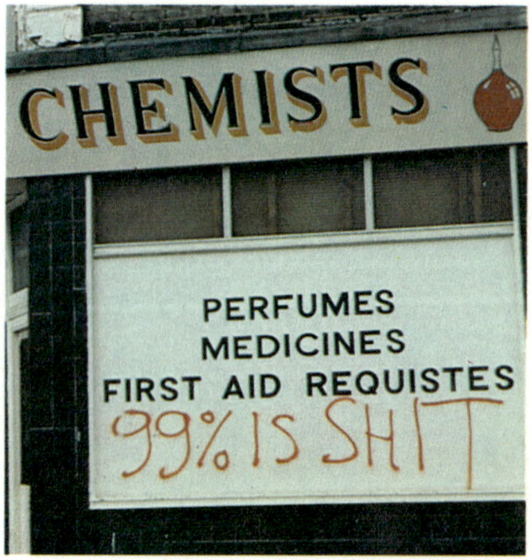

La publicidad puede ser contestada por los consumidores individualmente: «El 99% es porquería».

fuera del sistema al que sirven. Aisladas del mismo, criticadas como sucesos autónomos, son dos buenos chivos expiatorios de goma. Aguantarán, toda clase de golpes sin deformarse (...), con la certeza de que todo ataque dirigido a la publicidad o al consumo, ni modifica la infraestructura social ni amenaza la estructura del poder».

Pero la existencia de códigos y normas no basta. Ni siquiera cuando se aplican con rigor las sanciones derivadas del incumplimiento de las normas. Por otra parte, el que los poderes públicos creen un organismo para la vigilancia en este campo, puede resultar casi anecdótico: serían necesarios millares de celosos funcionarios para controlar la incesante avalancha de anuncios diarios desde todos los medios de comunicación. Por ello, y dada la importancia del tema, resulta necesario arbitrar otros mecanismos de control, como los ejercidos por algunas asociaciones de consumidores. Se trata de asociaciones que, según los países, son más o menos fuertes y que en algunos de ellos han llegado a impedir prácticamente la posibilidad de una publicidad engañosa. Lo que parece claro es que ésta es quizá la forma más eficaz de control, porque la función del fabricante es vender más, y la del publicitario contribuir a ese objetivo. Solo los consumidores organizados podrán contrarrestar los posibles abusos de un mensaje siempre unidireccional. Ciertamente, no es posible dialogar con una valla publicitaria, pero una nutrida y potente asociación de consumidores sí puede lograr que esa valla sea retirada en el caso de que incumpla unas normas éticas mínimas, fijadas democráticamente por todos los interesados.

Se criticó en su día la difusión de este anuncio: «Síguenos. Vaqueros "Jesus"», *eslogan cuando menos irreverente para una sociedad tradicionalmente cristiana, cuyo Dios es «Jesús», al que «sigue» un porcentaje importante de la población. El Código de la publicidad dice: «deben respetarse las tradiciones morales».*

Código de Prácticas Legales en Materia de Publicidad

1. En la presentación de la publicidad, no solo deben respetarse las leyes, sino también las tradiciones morales del pais al cual se dirige. La publicidad no debe tampoco atacar el sentido estético del público.

2. La publicidad debe ser conforme a la verdad y evitará deformar los hechos o engañar por alusión u omisión. No inducirá a error al consumidor mediante falsas indicaciones sobre: *a*) Las caracteristicas de la mercancia (utilidad, composición, materias empleadas, origen, etc.). *b*) El precio, el valor, las posibilidades de utilización, las condiciones de compra de los productos. *c*) Los servicios que acompañan a la compra, como la entrega, el cambio, la reposición, la reparación, el mantenimiento, etc. *d*) La calidad o el valor de una mercancia de la competencia o la autenticidad de las declaraciones de un tercero.

4. La publicidad no debe contener exageraciones que tiendan a provocar infaliblemente la decepción del consumidor. Se impone una especial prudencia en los casos siguientes:

a) Cuando se dirige a enfermos, se guardará de prometer la cura de las enfermedades graves o el emitir sugerencias o información tendentes a poner en peligro la salud del enfermo, por ejemplo disuadiéndole de consultar a un médico.

b) Cuando se apela al ahorro público, la publicidad financiera no puede contener ninguna afirmación que sea susceptible de inducir a error al inversor, en lo que se refiere a los valores ofrecidos, a la renta del capital o a las condiciones de amortización.

c) Cuando se invita al público a participar en loterias o concursos con premios que comporten la atribución de primas, la publicidad expondrá claramente todas las cláusulas de participación en la loteria o en los concursos, asi como las condiciones para obtener los lotes y las primas.

29/La nueva publicidad que nos espera

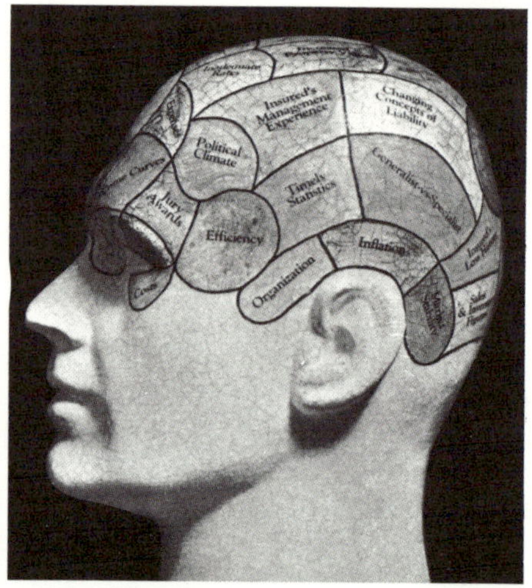

Actitudes nuevas

Porque las cosas han cambiado.
Y, probablemente cambiarán más.
Hoy, no sobra dinero.
La compra por impulso disminuye.
El argumento emocional se debilita.
La pura fantasía falla.
El consumidor siente la crisis.
Se para. Y piensa.
Hacen falta actitudes nuevas
en el propio concepto de producto.
Para hacerlo sentir
y ver cómo es necesario.
Nuevas actitudes.
Para proteger seriamente.
Para informar verdaderamente.

MMLB

No se conocen estudios e investigaciones realizadas con rigor que permitan trazar con suficiente aproximación las líneas de tendencia del fenómeno publicitario; es decir, se carece de datos para predecir cómo será la publicidad a la vuelta de algunos años.

A falta de tales estudios completos y sistemáticos –no separables desde luego del análisis de la evolución futura de las sociedades– se puede recurrir a predicciones puntuales, que nos proporcionen algunos puntos de ese retrato-robot que nos gustaría poder componer. Puntos que, para algunos estudiosos, son los siguientes:

• En primer lugar, se conocerán cada vez con más detalle la distribución exacta de la población por sexo, edad, tamaño del lugar de residencia, sectores de actividad, categoría profesional, nivel cultural, ingresos económicos y aficiones.

• En segundo lugar, se trabajará con datos más recientes, de manera que entre la elaboración de series estadísticas y la tabulación y publicación de las mismas medie poco tiempo. Hoy día, muchas decisiones se toman sobre la base de datos de cinco años atrás.

• En tercer lugar, se incorporarán a los equipos publicitarios numerosos especialistas en Demografía, Estadística, Economía, Sociología, Psicología Social, Psicofisiología, Estética, Antropología, Comunicación, Diseño, *Marketing,* Lingüística, Semiología, Imagen y Sonido.

• En cuarto lugar, los distintos especialistas no se limitarán a poner sus conocimientos al servicio de la creación del mensaje publicitario. Deberán proceder, además, a investigaciones de campo y de laboratorio en las que sometan a experimentación una a una las múltiples variables que inciden en la eficacia de los mensajes, así como las relaciones existentes entre unas y otras.

• Como resultado de los avances señalados, cabe predecir que la publicidad será progresivamente *selecti-*

va: cada vez aparecerán menos anuncios en todas partes y para todos, y cada vez más solo en ciertos medios dirigidos casi exclusivamente a unos cuantos. Es decir, un dardo/una diana. Hoy, mil dardos, una diana.

• Técnicamente la publicidad será más *flexible,* pues el avance técnico de los medios de comunicación permitirá preparar una campaña publicitaria en un tiempo mínimo, llegando en ocasiones a alcanzar el ritmo de la información periodística. Un anuncio podrá realizarse en el día, aprovechando así cualquier coyuntura favorable, y sin que ello vaya en detrimento de la calidad técnica del anuncio.

• Este proceso será, en cualquier caso, paralelo al de *informatización* y *automatización.* A medida que en ciertos bancos de datos queden registradas informaciones progresivamente pormenorizadas y precisas sobre cada persona, será posible conocer la distribución de la población de acuerdo con cualquier criterio, tal como hoy día es posible saber exactamente quiénes tienen carné de conducir, o están matriculados en la universidad.

• Buena parte de la publicidad actual parece hecha para infradotados, inmaduros e ignorantes consumidores, que por ello *pican* con facilidad en anzuelos cargados de ramplonería, utopías, piedras filosofales y huríes* del paraíso venidero. Sin embargo, los nuevos estilos educativos, la generalización de la enseñanza en los niveles básico y medio, los cada vez más elevados índices de lectura, el acusado sentido crítico de las últimas generaciones de jóvenes, la sustitución progresiva en las agencias publicitarias de los autoestimados genios –solo en busca de la frase feliz– por auténticos científicos de las distintas disciplinas que conforman la Comunicación, permiten predecir que la publicidad tendrá que ser cada vez más informativa y menos retórica; probablemente más honesta y menos manipuladora, quizás más racional y menos emotiva.

En todo caso, no debemos ignorar que los riesgos de ser manipulados en el futuro son casi ilimitados. Y, como siempre, que el consumidor se halle cada vez más y mejor informado y formado, será la única vía racional para defenderse de la cada vez más sutil técnica publicitaria.

*

Hurí: para los musulmanes, mujer bellísima de ojos en forma de almendra que acompaña en el cielo a los bienaventurados, ventura reservada para aquellos creyentes que cumplen con las prescripciones recogidas en su libro sagrado, el *Corán*.

¿Cómo salir del bache de credibilidad por que pasa la publicidad?

Hay que abogar por una publicidad diferente como único camino válido para conseguir la credibilidad. ¿Qué hacer? A nivel puramente estratégico hay que encontrar las siguientes líneas:

a. El camino de la *antipublicidad.* Decir antes inconvenientes que ventajas.

b. El camino de la *comparación.* Si cabe, es la forma más agresiva que puede encontrar la publicidad, y la más conflictiva. Y, sin embargo, es un camino real, puesto que las decisiones de compra, generalmente, se toman por comparación.

c. El camino de la *información.* Con dicho camino la publicidad vuelve a sus orígenes. Pero a la dificultad de encontrar la característica diferencial que haga noticiable el producto, existe una franca contradicción con la táctica de la repetición. La base de la información, o la estructura informativa, radica en la noticia: en dar a conocer algo nuevo. Y la publicidad todavía sigue rigiéndose por el viejo principio de la repetición. Lo que se ha de proponer es que de alguna manera, los anuncios no se repitan, puesto que si un anuncio es informativo parece absurdo repetirlo.

d. El camino de la *tendencia sociológica.* Este es, si cabe, el camino más dinámico. Se trata de que la publicidad no esté desgajada del marco social, económico, político y cultural.

e. El camino de la *publicidad-espectáculo.* Una forma de seguir la «tendencia sociológica» es hacer de la publicidad un espectáculo, sin caer en la caricatura ni en el *show* gratuito. Se trata de hacer algo que quede en la mente del consumidor, y que se comente. Está comprobado que el ser humano retiene el 20 % de lo que oye, el 40 % de lo que ve, el 60 % de lo que oye y ve simultáneamente, el 70 % de lo que dice, y hasta el 90 % de lo que dice y hace.

30/Redactar un anuncio puede resultar una experiencia apasionante

Ya hemos dicho que en publicidad no existen fórmulas o recetas. Pero no es menos cierto que la experiencia de muchos creativos a lo largo del tiempo permite apuntar una serie de recomendaciones que no conviene olvidar a la hora de diseñar un mensaje publicitario.

Esas recomendaciones, en algunos casos, son generales y, en otros, específicas para un medio en particular. Aquí nos limitaremos a recoger algunas válidas para el medio prensa, donde, tarde o temprano, son muchas las personas que precisan poner un anuncio. Estas son, pues, las principales recomendaciones para ese medio cotidiano, la prensa:

* * *

● *Antes de empezar a escribir, escriba.* Coja un papel y escriba en él qué se propone con el anuncio, cuáles son las ventajas de su producto, ordenándolas de más a menos, a quién va dirigido el mensaje, por qué razón les puede interesar su oferta, etc. Se trata de un buen ejercicio para aclarar las ideas.

● *Utilice un titular.* No es casual que casi todos los anuncios lo lleven: el titular fija la atención y, si es bueno, incita a leer el texto.

● *Haga su oferta en el titular.* Diversos estudios demuestran que cuatro de cada cinco lectores no leen más que el titular. Si usted deja su oferta para contarla en el texto, habrá desperdiciado el 80% de su esfuerzo y de su dinero.

● *Si es posible, convierta su titular en noticia.* La noticia funciona siempre mejor, y más aún en los medios periodísticos en los que el lector compra, precisamente, noticias.

● *No tenga miedo a los titulares largos.* En publicidad es famosa esta frase: «No hay titulares largos o cortos, sino buenos y malos». ¡Y es cierto! El titular de *Confidents* tiene 38 palabras y, no obstante, fue elegido en su día como uno de los mejores.

● *Por la misma razón, tampoco tema los textos largos.* Eso sí, sin decir nunca más de lo imprescindible. Si su oferta precisa de una detallada información, no le importe darla. Pero cuando acabe de escribir, relea el anuncio, procurando tachar lo obvio; ya verá cómo el texto se acorta.

● *Por favor, venda una sola cosa.* Es verdad que puede tener mil argumentos; pero, si los pone todos, el lector no recordará ninguno. Escoja el argumento más contundente y convincente. Y olvide los demás.

● *Haga ver inmediatamente a quién se dirige* para atraer la atención de su consumidor potencial. Frases como «¿Busca piso?» funcionan siempre, para los que buscan piso, claro.

● *Sea original, pero sin pasarse.* La originalidad siempre llama la atención, pero tiene un peligro: la incomprensión.

● *Evite el lenguaje típico de los fabricantes.* Muchos anuncios parecen hechos para el fabricante, en lugar de para el consumidor. Se dan cosas por sabidas y se recalcan ventajas que el consumidor jamás apreciará. Si al fabricante le gusta su nueva máquina embotelladora, está en su derecho, pero poniéndola en el anuncio no venderá una sola botella más.

● *Haga cada anuncio completo.* Si piensa publicar varios anuncios distintos, no reparta los argumentos entre ellos. Nadie le puede asegurar que su consumidor potencial los verá todos. Por ello, que cada anuncio venda el producto de principio a fin.

● *Utilice el cierre como argumento final.* En publicidad se llama cierre a la última frase del anuncio, siempre que aparece destacada. Sírvase de ella como un empujón final, y trate de sintetizar en ella todo lo dicho anteriormente.

● *Si hace una promesa, respáldela.* Las promesas, por sí solas, no sirven en publicidad. Acompáñelas de argumentos o estará perdiendo el tiempo y la credibilidad.

● *Sírvase de la ilustración para mostrar su producto y apoyar el texto.* Si la ilustración es simple adorno, elimínela; mejor haga un limpio, estético y brillante anuncio tipográfico. Ahora bien, a veces, la ilustración no solamente refuerza, sino que resulta imprescindible.

● *Trate de imaginar dónde aparecerá el anuncio.* Usted puede hacer un precioso anuncio de media página; pero si en la otra media está acompañado por otro que es horrible, el conjunto resultará, sin duda alguna, horrible.

● *Cuando el anuncio esté acabado, déselo a leer a varias personas ajenas al tema.* ¡Ya verá qué sorpresas se lleva! Puede suceder que entiendan algo distinto de lo que quería contar. Si es así, averigüe por qué y rectifique.

* * *

Se podrían recoger más normas, pero lo cierto es que si un anuncio tiene en consideración estos puntos, no será malo. No obstante, anuncios que han demostrado con creces su eficacia, olvidaron algunas de estas normas.

Por ello es temerario dogmatizar en publicidad.

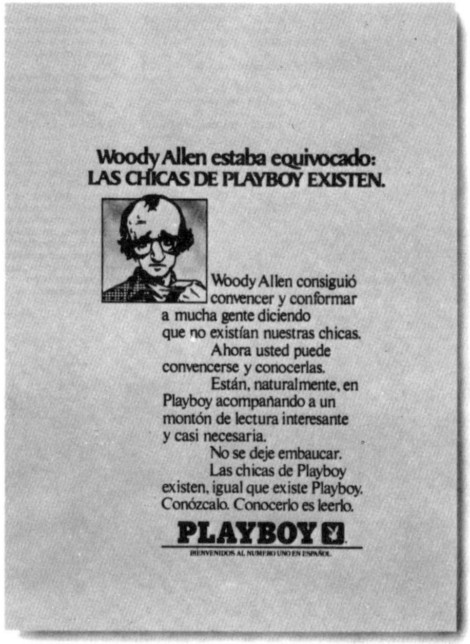

Magníficos ejemplos de publicidad tipográfica, carente de imágenes fotográficas. Los titulares juegan en todos ellos un papel fundamental. Independientemente del contenido de los mensajes, la diagramación cumple a la perfección su función básica: estructurar la información para facilitar la comprensión, a la vez que captar la atención.

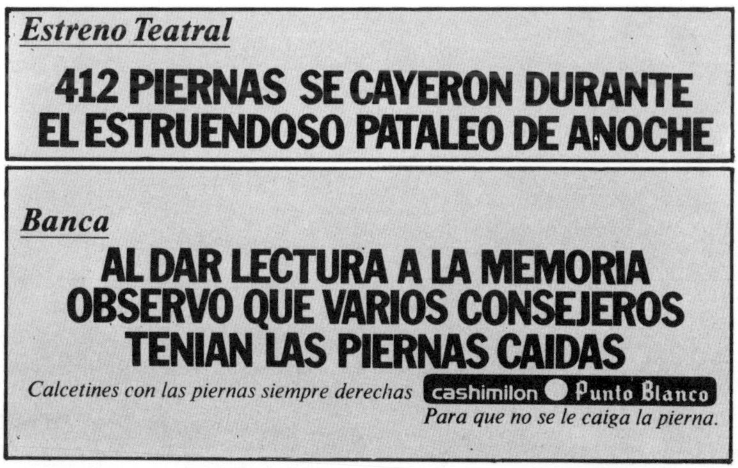

Bibliografía

BLOCK DEE BEHAR, L.: *El lenguaje de la publicidad,* México, Siglo XXI Editores, 1977. Se trata de una aproximación al mundo de la publicidad desde el campo de la Lingüística. Libro apropiado para quienes deseen iniciarse en el lenguaje publicitario.

CUADERNOS MONOGRÁFICOS: *Creatividad publicitaria,* Madrid, Instituto Nacional de Publicidad, 1968. Trabajo colectivo en el que se recogen los aspectos fundamentales de la creación publicitaria.

MAJOCCHI, R. y ATTANASIO, F.: *Cómo hacer publicidad,* Bilbao, Ed. Deusto, 1969. Obra dirigida a quienes deseen adentrarse en el mundo de las agencias, campañas, planificación y mensajes desde un punto de vista práctico.

MOLINE, M.: *La publicidad,* Barcelona, Salvat Editores, 1973. Visión global del fenómeno publicitario a partir del análisis detallado de los diferentes medios y de su eficacia.

MOTA, I. H. de la: *Diccionario de la publicidad. La prensa.* Madrid (edición del autor), 1970. Obra de consulta recomendada para conocer la terminología que los publicitarios utilizan en su actividad profesional.

MUCCHIELLI, R.: *Psicología de la publicidad y de la propaganda,* Bilbao, Ed. Mensajero, 1977. Traspasa el campo estrictamente psicológico, para analizar la publicidad comercial, las relaciones públicas y la propaganda política en un sentido muy amplio y divulgativo.

OGILVY, D.: *Confesiones de un publicitario,* Barcelona, Oikos-Tau, 1967. Esta obra, ya clásica, sigue siendo de lectura imprescindible para cualquier persona que desee conocer las bases del negocio publicitario.

PACKARD, V.: *Las formas ocultas de la propaganda,* Buenos Aires, 1971. Estudio de ciertas formas de manipulación publicitaria.

PENINOU, G.: *Semiótica de la publicidad,* Barcelona, Gustavo Gili, 1976. Existen otros trabajos de este autor en la editorial Tiempo Contemporáneo, pero sin duda éste es el más novedoso.

REEVES, R.: *La realidad en publicidad,* Valladolid, Ed. Sever-Cuesta, 1964. Otro clásico de la literatura publicitaria, y por tanto de obligada lectura.

SÁNCHEZ GUZMÁN, J. R.: *Breve historia de la publicidad,* Madrid, Ed. Pirámide, 1976.Excelente trabajo que recorre la historia de la publicidad, relacionándola con los distintos modos de producción de cada época.

VICTOROFF, D.: *La publicidad y la imagen*, Barcelona, Gustavo Gili, 1980. Pese a su reducida extensión, este libro constituye, sin duda, uno de los mejores y más actualizados análisis de la publicidad desde una variada perspectiva.

Procedencia de las fotografías

• *Alas,* Madrid: 39a-b. • *S. Bryan,* Nueva York: 10. • *D. Campo,* Barcelona: 5a. • *Compas Needham,* Madrid: 31a. • *Consejeros de Publicidad,* Barcelona: 47. • *Contrapunto,* Madrid: 13, 14, 36, 37, 38a, 63c. • *Delvico,* Madrid: 63a. • *Dos Puntos,* Madrid: 17a. • *Doyle Danne Bernbach:* 12a, 51c. • *Tony Ficalora-Ogilvy and Mather,* Nueva York: 50. • *Flash Press,* Madrid: 30b. • *M. A. Furones,* Madrid: 9b, 23b, 51a. • *Bob Gage-Doyle Danne Bernbach,* Nueva York: 49d. • *Gamma-Flash Press,* Madrid: 45a. • *A. García Pelayo,* Madrid: 6, 8a, 18, 44a-c, 60a. • *Gustavo Gili,* Barcelona: 29b. • *Tom Haynes-Ted Bates,* Nueva York: 60b. • *Hijikata-G. Gili,* Barcelona: 53b. • *A. Hernández,* Londres: 5b-c, 16, 21, 31b, 43, 57, 58b. • *The Image Bank España,* Madrid: 60c. • *Información y Prensa,* Madrid: 45b. • *Leo Burnett,* Madrid: 33, 42, 49b. • *Kodak:* 11b. • *X. Miserachs,* Barcelona: 51b. • *MMLB-Marçal Moliné,* Barcelona: 15. • *MMLB-Ricardo Pérez,* Madrid: 63e. • *Oronoz,* Madrid: 55a. • *Philips Morris International:* 56. • *Radiux Española,* Madrid: 49a. • *Rasgo- Tabacalera,* Madrid: 25b. • *RCA, Radio Madrid,* Madrid: 41a. • *Ridovall Condeval-Pedreño,* Barcelona: 26. • *C. Rolando,* Barcelona: 32. • *G. Sáiz de la Maza-Danis,* Madrid: 20, 30a. • *Archivo Salvat,* Barcelona: 7, 17b, 22, 23a, 28, 29a, 41b, 44b, 52, 53, 54, 55b, 58a. • *Rafael Sarró,* Madrid: portada. • *Ted Bates,* Madrid: 48a. • *G. Tejeda,-E. Oejo/Publicidad 2000,* Madrid: 9a. • *Ian McCallan-TRP Slavin,* Londres: 12b, 61. • *VHA:* 63b. • *J. Walter Thompson,* Madrid: 8b. • *J. Walter Thompson-Kodak,* Madrid: 11a. • *Henry Wolf-Trahey/Wolf Adv.:* 4. • *Young and Rubicam* 49c.

La inclusión en este libro de imágenes, símbolos y comentarios referentes a marcas y productos comerciales, carece de intención publicitaria.
Se recogen como ejemplos de los aspectos que se tratan. Las críticas que se formulan al hilo de una imagen, no se refieren tanto a ella, como a un tipo de publicidad del que esa imagen sería, a lo sumo, un ejemplo entre muchos.